밖에서 본
우리말, 우리글

밖에서 본
우리말, 우리글

배 성 옥

景仁文化社

머리말
— 나라 밖에서 생각해 본 우리말, 우리글

중년을 훌쩍 넘긴 나이에 미국으로 이민의 길을 떠나게 되었다. 프랑스에서 10년 공부하여 받은 학위 덕분에 이주 얼마 후 2년제 초급대학(Community College)에 프랑스어 선생으로 일자리를 얻을 수 있었다. 미국 안에서도 한국 사람들이 많이 모여 살고 있는 캘리포니아 주州 로스앤젤레스, 약칭 L.A. 지역에 둥지를 튼 지도 어언 15년이 지났다. 유학생활 10년에 이민생활 15년을 보태니 나라 밖에서 보낸 세월이 자그마치 25년에 이르고 있다.

프랑스어를 가르치는 일이 한국에서부터 본직이긴 했지만 이민 간 첫 해에 금방 본직에 자리를 잡은 것은 아니었다. 프랑스어 선생으로 생활의 안정을 찾기까지는 주거지역 근처에 있는 '어덜트 스쿨(Adult School)'에서 ESL(English as a Second Language)보조교사로 2년 넘게 일했다. Adult School은 정부에서 운영하는 평생교육원 같은 곳인데, 세계 각국에서 이민 온 사람들이 줄을 잇고 넘쳐나는 캘리포니아 주에서는 아주 최근까지 이곳에서 ESL교육을 무료로 제공해 왔다. 2008-9년 경제위기 이후 주정부의 교육비삭감정책으로 말미암아 지금은 약간의 수업료를 내고 등록해야 하지만 우리네 사교육비와는 비교도 할 수 없이 낮은 액수이다. ESL, 즉 외국어로서의 영어를 배우러 오는 성인成人(adult) 남녀 가운데는 한국 사람이 상당히 많다. 내가 2년 넘게 가르쳤던 학교의 ESL 초급반에도 '기러기 아빠'의 아내로서 아이들의 영어교육 때문에 한국을 떠나와 L.A.에 살고 있는 한국 여성들이 한둘이 아니었다.

2007년 가을 쯤의 일로 기억된다. TOEFL시험을 보려는 한국 학생들이 너무나 밀리는 통에 비행기 타고 태국이나 필리핀 등지로 나가서 시험을 볼 수 있게 해주는 여행상품을 만들어 재미를 보는 여행사와 브로커가 많다는 내용의 기사를 LA Times에서 읽었다. 기사를 쓴 기자는 또한, 영어와 아무 관계없는 직업인데도 취직시험을 보려면 응시원서에 TOEFL 점수를 기입해야 하는 한국의 이상한 영어열풍현상을 꼬집어 비판했다. 그 얼마 후 한국의 후배에게서 들은 소식은 이제 대학원입학시험에서도 영어시험이 따로 없고 TOEFL점수로 대체하게 되었다는 것이었다. 초등학교에서부터 영어를 가르치나 하면 '영어마을'이니 '영어태교胎敎'니 하는 영어

'붐'은 광란에 가까울 정도라고 한다. 나아가 영어를 공용어로 채택해야 한다고 주장하는 사람들까지 없지 않다고 한다.

한국을 떠나온 지 10년 만에 고국방문을 즐거이 하고서 L.A.로 돌아오는 비행기에는 겨울방학 동안 영어캠프에 간다며 20여 명의 초중고교생들이 여기저기 좌석에 와글와글 앉아 있었다. 통로 건너편 좌석에는 젊은 러시아인 부부가 서너 살 정도로 보이는 딸과 함께 타고 있었다. 어린 딸은 아빠와 함께 러시아어 알파벳이 커다란 글씨로 적힌 책을 읽고 있었다. 러시아어를 적는 글자 키릴문자(Cyrillic Alphabet)에는 영어를 적는 로마자와 똑같은 모양의 글자가 여남은 개 들어 있다. 때문에 통로 건너 옆 좌석의 한국남자 어린이에겐 영락없이 영어로 보였던 것인지, 러시아 소녀에게 "헬로" 하면서 손짓 눈짓을 보내었다. 어린 딸에게 자기네 말과 글자를 깨우쳐 주고 있었던 러시아인 아빠는 한국 어린이의 기초영어를 별로 반가와 하지 않는 눈치였다. 내가 옆에서 미국사람이 아니라 러시아사람이라고 귀띔해줄 필요도 없이 한국 어린이의 영어는 한두 마디로 끝나 버리는 영어였다. 그런데 러시아어 알파벳을 보고 대뜸 영어 알파벳이라고 잘못 짚어 버리는 한국 사람들이 어디 그 소년 하나뿐인가, 이렇게 생각하니 90년대에 수도권 전철 4호선 안에서 겪었던 또 하나의 에피소드가 떠올랐다.

그즈음 나는 경기도 과천에 살고 있었기에 서울 나들이를 할 때면 으레 전철 4호선을 이용하였다. 시내에서 볼 일이 끝나 4호선을 타고 집으로 오던 어느 날, 서울역 승강장에서 한 떼의 외국인이 와르르 들어왔다. 대여섯 명의 남녀 어린이를 인솔한 중년 부인네 서너 명이었다고 기억한다. 처음엔 별 관심 없이 앉아 있었는데 바로 앞에 서 있던 여고생 둘이 나누는 말소리가 점점 더 크게 귀에 와 닿기 시작했다. "어쩌면, 저 사람들 하는 말, 하나도 못 알아듣겠다. 얘, 우리가 학교에서 배우는 영어, 그거 말짱 헛일이야. 난 이담에 결혼해서 애 낳으면 아주 어릴 때 미국에 데리고 갈 거야. 영어는 애기 때 혀가 굳기 전에 본토 발음으로 배워야 돼. 안 그러면 우리처럼 한 마디도 못 알아듣지 뭐니, (…) 아이고, 답답해 미치겠다, 무슨 소린지 하나도 모르겠는걸!" 그래서 나도 외국인들의 말소리에 귀를 기울이지 않을 수 없게 되었다. 들어보니 그들이 하는 말은 영어가 아니었다. 우선 답답해하는 여고생에게 저 사람들 하는 말이 영어가 아니니까 답답해할 필요 없다고 일러주었다. 그랬더니 눈을 휘둥그레 굴리며 "어머, 그럼 불어예요?" 하고 되물었다. 프랑스어는 더욱 아니고 생긴 모습으로 보아 스칸디나비아 사람들 같다고 말해주었다. 얼마 후 가까운 거리에서 함께 내리게 된 참에 물어보아 알게 된 사실은 그들이 노르웨이에서 왔으며 지금 울산에 살고 있는데 며칠 서울에 관광차 올라왔다는 것이었다.

비행기 옆 좌석의 어린 소년이나 4호선 전철 안 여고생이나 모두가 영어열풍이라는 몹쓸 바람에 휩쓸려 어디로 가고 있는지도 모르는 현대 한국의 "어린 백성"이 아닌지, 그런 생각이 지금껏 지워지지 않고 있다. 분명히 그 소년이나 여고생 한두 사람의 생각이 모자란 것도 아니고 어린 백성들이 책임질 일은 더욱 아닌 것 같다.

"외국어를 모르는 사람은 자기 나라말도 모르는 사람"이라고 한 괴테Goethe의 명언은 캘리포니아의 이런저런 대학에서 외국어를 가르치는 선생들이 자기네 과목 선양을 위하여 자주 인용하는 말이다. 내가 10년 너머 프랑스어를 가르치고 있는 Long Beach City College의 경우, 프랑스어 초급반에 앉아 있는 미국 학생들 중에서 영어문법을 어느 정도나마 알고 있는 학생은 열 명 중 한 명이 될까 말까이다. 시립 도서관에서 본 통계에 의하면 캘리포니아 인구의 절반이 'functional illiterate', 즉 읽고 쓰는 능력이 문맹에 가깝다고 한다. 그런 영어 원어민(English native speaker) 학생들에게 프랑스어를 가르치려니 우선 영어문법부터 차근차근 설명해주어야 하고, 그럴 때마다 괴테의 말을 다시 한 번 되새기곤 한다. 한데, 그 정도 수준의 미국학생들이 드나드는 교실 한 구석 벽에는 영어를 가르치며 외국여행도 하고 돈도 벌 수 있는 길이 있다면서 영어교사 자격증을 4주 내지 6주 만에 따게 해준다는 사설 학원의 선전 쪽지가 심심찮게 붙어 있다.

내 나라말이든 남의 나라말이든 읽고 쓰는 능력을 제대로 갖추지 못하고 그저 일상으로 말하고 듣는 정도에 그친다면, 다시 말해서 말은 아무리 유창하게 잘하는 원어민이라 해도 문자文字와 문법文法에 대한 지식이 없는 사람은 글자 그대로 문맹文盲(illiterate)이나 다름없는 것이다. 캘리포니아에 100여 개가 넘는 2년제 초급대학에서 '읽기(reading)' 및 '쓰기(writing)' 과정에 등록하여 배우는 영어 원어민 학생들의 수는 가히 천문학적이라고 해도 좋은데, 그 가운데 한두 과목도 성공적으로 끝내지 못하고 낙오하는 학생들의 수 또한 어마어마하게 많다. 하긴 캘리포니아 공립학교의 수준은 날로 증가하는 이민인구 때문에 미국 안에서도 바닥을 헤매고 있다고들 한다. 그래도 로스앤젤레스에는 한국 교민이 많고 따라서 자리 잡기가 비교적 수월해서인지 이곳에 발판을 내리는 조기유학가족들도 무척 많다. 그러나 영어를 읽고 쓰는 능력은 어린 나이에 미국에 와서 미국 학교에 다니기만 하면 저절로 키워지는 것이 아니다. 이는 미국에서 태어나고 자란 영어 원어민 학생들의 형편없는 읽기, 쓰기 수준이 단적으로 말해주는 엄연한 사실이다. 그런데도 L.A.지역으로 오는 한국 조기유학생의 수는 갈수록 늘어나는 통에 최근에는 미국 신문뿐 아니라 NPR(National Public Radio)방송에서까지 '기러기 아빠'와 이산가족의 실태를 보도하기에 이르렀다. '기러기 아이들(*kirogi children*)'의 한국어 및 한국역사에 대한 지식도 문제이거니와 한국인으로서의 정체성(identity)이 더욱 심각한 문제라고 지적하였다. 그와 같은 라디오 방송을 들으며 한국 사람으로서 안타까운 마음을 금할 수 없었다.

이 글은 영어열풍에 휩쓸려 어디로 향해야 할지 몰라 우왕좌왕하는 현대판 "어린 백성", 그리고 태평양을 사이에 둔 이산가족들에 대한 딱한 생각, 안타까운 마음에서 쓰기 시작한 것이다. 하긴 유학과 이민으로 보낸 25년의 외국생활과 함께 외국어 경험도 그만한 세월의 연륜이 쌓인 것 같아, 미국에서 프랑스어를 가르치며 사는 이야기를 책으로 펴낼 수 없을까 하는 생각을 언제부터인가 품고는 있었다. 그런 가운데 날이 갈수록 뜨겁게 휘몰아치는 한국의 영어열풍현상을 태평양 건너편에서 지켜보려니, 우리말과 우리글에 대한 올바른 인식 없이 덮어놓고 영어만 잘하면 된다는 잘못된 생각부터 바로잡아야 할 일이 급선무로 다가오게 되었다. 그러므로 우리말과 우리글을 제대로 파악하려는 목표 아래 세계 여러 나라의 말과 글에 대하여 알아보고, 나아가 우리말과 글이 세계의 수많은 언어와 다양한 문자 속에서 차지하는 좌표를 더듬어 보고자 한다. 이 책이 나라 안팎의 우리말 가족 모두에게, 우리의 아름다운 언어생활과 문자생활을 위하여 얼마간 도움이 될 수 있다면 글쓴이로서는 더 이상 바랄 것이 없겠다.

집필은 프랑스 파리에서 시작하였고 서울을 거쳐 로스앤젤레스에서 탈고하였다. 꼬박 1년 동안 세 나라 국경을 오가며 이쪽저쪽에서 진행된 작업이었고 도움도 세 나라 여기저기에서 받았다. 무엇보다도 이익섭 선생님께 큰 절을 올리고 싶다. 대학 1학년 교양학부 시절의 담임선생님이셨던 그분의 저서 『꽃길 따라 거니는 우리말 산책』이 더할 나위 없이 훌륭한 길잡이가 되어 주었다. 그 책이 없었더라면, 또한 그 책을 소개해주신 데다 원고를 읽어주시고 조언까지 해 주신 장익 주교님을 뵙지 못했더라면 이 글이 책이 되어 세상에 나올 수 있었을지 적이 의심스럽다. 다음으로, 파리에서 조용히 글 쓸 수 있는 공간을 마련해 준 친구이자 나의 라틴어선생 Anne Mantero, 그리고 뚜르Tours 대학의 중세사 교수 Bruno Judic의 도움으로 제 2장의 내용을 무난히 헤쳐 나갈 수 있었다. 미국 이민생활 초기의 세찬 파도 속에서 든든한 나침반 역할을 해 주셨던 ESL선생님 두 분 Loretta Klonecky와

Shemiran Lazar, 영어와 중국어에 관하여 도움을 아끼지 않으신 Long Beach City College의 Gary Nagy 선생님과 Sheng-Tai Chang 선생님께도 감사드린다. 그리고, 출판계의 전반적인 불황에도 불구하고 기꺼이 출판을 맡아 주신 경인문화사 여러분께 감사드리며 인연을 맺게 된 것을 기쁘게 생각한다.

끝으로 영어와 일본어, 漢學에 두루 걸친 멘토르mentor였으며 프랑스 유학 10년 세월을 처음부터 끝까지 지켜봐 주신 아버지, 곧 출판되리라는 소식을 들으시고 여드렛날 운명하신 故人의 靈前에 이 책을 바친다.

추천사

이익섭 (서울대학교 명예교수)

인연의 끈은 무서운 것이어서 이제 아득히 기억 저편으로 사라진 것으로 여겼던 것이 꿈결인 듯 다시 이어지는 수가 있습니다. 어느 날 한 통의 메일이 날아왔습니다. 1970년, 그러니까 까마득한 40여 년 전의 옛날을 더듬게 하는 사연이었습니다. 저는 아직 30대의 젊은 교수였고, 배성옥 박사는 대학에 갓 입학한 햇병아리였습니다. LA 9반과 10반이라는 유난히 재사(才士)들이 넘치던 그 반의 담임이라는 걸 맡고, 지금 생각해도 가슴이 뛰는, 참으로 활기 넘치는 한 해를 함께 보냈던, 그런 시절이 있었습니다. 그리고는 다시는 소식도 모르고 지내면서 그야말로 완전히 기억에서 지워졌었는데 불현듯 그 끈을 흔든 것입니다.

책을 하나 쓰면서, 오랜 외국 생활에서 우리말, 우리글에 대한 넘치고 넘치는 사랑을 담은 책을 쓰면서, 그 방향을 어떻게 잡을까 하는 고민을 춘천교구의 장익 주교를 만나 토로

하던 중 제가 쓴 『꽃길 따라 거니는 우리말 산책』(신구문화사, 2010)을 추천 받았던 모양입니다. 이럴 수가! 세상은 좁아서, 추천 받은 책의 저자가 그 옛날의 스승이라니. 당장 책을 사 읽고는, 거기에 바로 그동안 찾고 있던 길이 있었다며 메일을 보내 온 것입니다. 그러면서 이미 쓴 부분 얼마를 보냈습니다. 그 후 이어지는 이야기들도 계속 보내 주었습니다.

원고를 읽으며 첨삭을 부탁하기도 했으나 저는 그저 기쁜 마음으로 읽기만 하였습니다. 배성옥 박사는 프랑스에 가서 본격적으로 깊은 공부를 하였으나 그것은 문학 쪽이어서, 말하자면 언어학 쪽에 속하는 이야기를 어떻게 펼칠까 한 편으로는 의구심도 없지 않았으나 보내오는 편편이 얼마나 알차고 전문적인지 탄복을 하지 않을 수 없었습니다. 오랜 기간 이 방면으로도 남다른 공부를 하고 있었음을 보여 주었고, 그것은 참으로 고마운 일이기도 하였습니다.

우리나라 사람은 유난히 우리말, 우리글에 대한 사랑이 큽니다. "국어사랑 나라사랑"이라는 표어가 무엇보다 그것을 증명합니다. 국어에 대한 일이라면 누구든 뛰어들어 한 마디 하고 싶어하는 것도 그 때문일 것입니다.

그런데 하나 안타까운 것은 남달리 깊은 공부를 한 것도 없이 너도나도 뛰어들기도 한다는 점입니다. 넘치고 넘치는 이야기 속에는 근거도 없는 불안한 이야기도 많은 것입니다. 그저 구호 외치듯 목소리만 높이는 일도 많습니다. 한글이 세계 제일의 우수한 문자라고 외치는 데는 앞장서면서도 정작 무엇이 우수한 점인지 그 구체적인 내용은 모르는 일이 대부분입니다. 나아가 한글을 우리말과 혼동하여 세종대왕이 우리말을 새로 발명하였다고도 하고, 세종대왕 동상의 영문 안내판에조차 세종이 Korean Language를 창제하였다고 썼다가 수정하는 법석을 떨기도 하지 않았습니까.

배성옥 박사의 원고를 읽으며, 이제 우리도 이만큼 깊이 있는 글을 읽는 시대가 되는구나 하는 생각이 들었습니다. 기뻤습니다. 라틴어만 해도 그렇습니다. 우리나라에서의 한자(漢字)의 지위를 이야기할 때 흔히 서양에서의 라틴어의 비중을 예로 들기 좋아합니다. 그러나 그 수준이 늘 상식적인 이야기에서 맴돌기 일쑤였습니다. 그런데 이번의 배 박사의 그 이야기는 우리를 아주 높은 세계로 이끌어 주는 것이었습니다. 문헌의 섭렵도 깊지만 그 본바닥에서 몸소 체험한 이야기들이 우리가 일찍이 접해 보지 못했던 알찬 내용인 것입니다.

해외에 나가 살면 누구나 애국자가 된다고들 합니다. 멀리 떨어져 살면서 그만큼 그리움이 커서일 것입니다. 그러나 더 크게는 밖에서는 더 넓게 볼 수 있기 때문일 것입니다. 안에서 뒤엉켜 법석이면서는 안 보이던 것을, 훨씬 여유를 가지고, 그리고 더 큰 안목으로, 안에서는 미처 깨닫지 못하던 아름다움과 귀함도 깨닫게 되고, 그러면서 자연히 애국심도 생기게 될 것입니다. 배성옥 박사의 글에도 자연히 그런 것이 배어 있습니다. 외래어 남용 문제며, 조기 영어 교육 문제며, 한자 교육의 경시(輕視) 문제며, 가슴을 치며 안타까워하는 모습이 보입니다. 이 애국자가 들려주는 이야기도 우리에게 여간 값진 것이 아닐 수 없습니다. 국어 문제에 대해 우리는 유난히 너무 좁은 시야에 갇혀 있는 것이 사실이기 때문입니다.

배성옥 박사의 글은 숨이 긴 것도 특징입니다. 그것이 이 책의 무게를 뒷받침해 주는 힘이며, 또 매력이기도 합니다. 너무 가벼운 이야기가 넘치는 세상에, 모처럼 우리의 지적(知的) 호기심을 즐겁게 해 주는 저술을 만나게 되어 저로서는 무척 기쁩니다. 아무쪼록 한 분이라도 더 많은 분들이 읽어 우리말, 우리글에 대한 사고(思考)에 깊이가 더해지고, 그만큼 우리 사회도 더 성숙해졌으면 좋겠습니다.

| 차 례 |

1. 말과 글

　미국 하고도 캘리포니아에서 프랑스 말을 가르치며 살다 보니 매일같이 외국어를 접하고 상대해야 하는 것은 어쩔 수 없는 사실이다. 미국은 세계 방방곡곡에서 이민 온 사람들이 모여 사는 나라이니 가까운 데 어디를 가더라도 갖가지 나라 말이 들리는 것은 예사로운 일이다. 전기요금이나 가스요금 고지서에는 7,8개 국어로 서비스를 제공하는 전화번호가 명기되어 있다. 선거 때가 되면 선거참여를 촉구하는 선전지와 안내문이 8개 국어로 작성되어 날아든다. 8개 국어, 즉, 영어, 스페인어, 타갈록Tagalog, 베트남어, 중국어(Chinese), 광동어(Cantonese), 한국어, 일본어로 쓰인 안내문을 가만히 보고 있노라면 한 가지 재미있는 사실을 확인하게 된다. 말의 종류는 여덟 가지인데 그 8개 언어를 적은 글자는 네 종류뿐이라는 것이다. 이유는 간단하다. 영어, 스페인어, 타갈로그, 베트남어는 모두 로마자를 쓰는 언어인데 비하여 중국어와 광동어는 중국글자를, 한국어는 한글을, 일본어는 일본글자를 쓰기 때문이다.

오늘날 세계에서 쓰이고 있는 말의 수가 몇이냐 하는 물음에는 시원스런 답이 있을 수 없겠으나 유럽 언어학자들의 통계에 따르면 6,000 이상이라고 한다. 그러나 오늘날 세계에서 쓰이는 글자의 종류가 몇이냐 하고 세어보면 열 손가락으로 셀 수 있을 정도로 언어의 수에 비해 문자의 수는 압도적으로 적다. 전 세계 200여 개 국어로 사용이 가능한 미국의 온라인 백과사전 '위키피디아Wikipedia'에 아무 주제나 쳐 넣고 검색해 보면 왼쪽에 알파벳순으로 줄줄이 뜨는 갖가지 나라말 수에 비해 글자의 수는 여남은 종류밖에 안 된다는 것을 금방 확인할 수 있다.

이처럼 여남은 종류밖에 안 되는 세계의 글자들 가운데 하나로 우리 한글이 당당히 자리매김하고 있다는 사실은 당연히 우리의 자랑거리가 아닐 수 없다. 국어학자 이익섭 선생님의 말씀대로 우리가 세계를 향해 가장 자신 있게 내세울 수 있는 자랑거리라고 하겠다. 그런데 이 우리의 자랑 한글을 지구촌에 현존하는 10여 종류의 글자와 비교하여, 세계 속에서 우리글이 위치하는 시간적 공간적 좌표를 찾아보아야 할 필요성이 오늘날 매우 절실한 것 같다. 한글날 국경일 제정 범국민추진 위원회 위원장님의 말씀에 의하면 한글의 세계화운동이 지구촌 여기저기에서 일어나고 있다고 한다. '한글의 세계화운동'이 구체적으로 무엇인지는 모르겠으나 '한국어세계화재단'이라는 이름의 학술단체가 실제로 존재하고 있는 것으로 보아 우리말과 우리글을 세계에 널리 알리고자 하는 의지는 매우 각별한 것 같다. 그렇다면 더욱 더 오늘날 세계에서 널리 통용되고 있는 글자에 대한 지식, 불과 10여 종류밖에 안 되는 글자에 대한 올바른 지식은 세계를 향하여 뛰고 있는 우리 한국인에게 꼭 필요한 지식이 아닐까 한다.

문화文化란 무엇인가? 한 민족이 문자를 배워 익힘으로써 키워낸 능력의 결실이 아니고 무엇이랴. 문명文明이란 또 무엇인가? 글을 모르던 야만인이 글을 배움으로써 암흑 세상이 밝은 세상이 되었다는 뜻이 아닌가. 우리가 21세기 문명 사회를 살아가는 문화민족이라면 지구촌 문자에 대한 올바른 지식을 갖추는 일이야말로 무엇보다도 시급한 과제가 아닐 수 없다.

거듭 말하지만 지구촌 언어의 종류는 수천 가지가 넘게 있는데 문자는 크게 나누어볼 때 10여 종류로 구분될 수 있다. 이 10여 종류의 문자는 다시 크게 둘로 나누어진다. 하나는 소리글자(표음문자表音文字)이고 다른 하나는 뜻글자(표의문자表意文字)이다. 한글을 포함하여 소위 '알파벳Alphabet'이라고 불리는 문자들은 모두 소리글자이고 뜻글자는 한자漢字 하나뿐이다. 그렇다고 한자 하나하나에 소리가 없다는 말은 아니다. 이 세상에 소리 없는 글자는 없다. 한자는 글자마다 소리와 뜻을 함께 지니고 있기 때문에 뜻글자라고 하는데 비하여, A라든가 '기역(ㄱ)'같은 알파벳문자는 글자 하나하나에 소리는 있지만 뜻이 없기 때문에 그저 소리글자라고 할 뿐이다. 한자와 뜻글자에 관한 얘기는 뒤로 미루고 먼저 세계에서 통용되고 있는 여러 가지 소리글자에 대하여 알아보기로 하자.

아래에 나열하는 여남은 종류의 글자에 대한 이야기는 전문 언어학적 지식이나 정확한 통계자료를 열거하는 언어학 강의가 아니라는 것을 우선 말해두고 싶다. 이는 어디까지나 글로벌 시대를 살아 나가는 우리 한국인으로서 갖추어야 할 상식 수준에 머무르는 내용이다. 각 글자에 관한 설명도 그 글자에 대한 언어사적 연구이기보다는 우리 문화와 직접, 간접으로 관련된 사항을 중심으로 펴나가고자 한다. 이는 또한 외래어가 범람하고 있는 오늘의 현실에서 남의 글, 남의 말을 제대로 알아야 우리글, 우리말에 대하여 올바른 지식을 쌓을 수 있다는 확신에서 비롯한 것임을 마지막으로 덧붙이고자 한다. 참고로 이 글을 쓰는 데 도움이 되었던 책을 소개하면 영국의 학자 Andrew Robinson의 *The Story of Writing*(Thames & Hudson, 2001)이다.

1) 로마글자(약칭 로마자)

오늘날 세계에서 가장 광범위하게 쓰이는 글자로서 영어, 프랑스어, 독일어를 비롯한 유럽 언어 대부분은 물론 남북 아메리카와 아프리카 거의 모든 나라말을 적는 글자이다. 아시아에서는 터키어, 인도네시아 여러 종족의 말, 필리핀의 타갈로그Tagalog, 베트남어를 적는 글자인 동시에 태평양에 점점이 흩어져 있는 작은 섬나라 여기저기에서 쓰이고 있다. 누구나 알다시피 A에서 시작하여 Z로 끝나며 모두 26자이다. 이 로마글자를 우리나라에서는 영문英文이라고 잘못 알고 있는 사람이 허다하다. 이에 대해서는 영어와 로마자에 대하여 얘기할 때에 다시 언급하기로 한다.

2) 그리스글자

그리스어를 적는 글자로서 Alpha(A)에서 시작하여 Omega (Ω)로 끝나며 모두 24자이다. 그리스어와 그리스글자의 관계는 한국어와 한글의 관계와 일맥상통한다고도 할 수 있다. 인도를 비롯한 수많은 다언어국가多言語國家들, 또한 영국, 프랑스, 독일처럼 제 나라말은 있지만 글자는 고대 로마사람들에게서 물려받은 로마자를 쓰는 수많은 나라들 사이에서 우리처럼 한 민족이 한 가지 말 한국어를 하고 우리 고유의 글자 한글을 쓰는 나라는 아주 드물다고 할 수 있는데 현대그리스어와 그리스글자가 우리와 같은 경우에 해당하기 때문이다.

그러나 그리스글자는 한글처럼 15세기에 창제된 것이 아니라 까마득한 옛날에 최초로 알파벳 문자를 만들어 썼던 페니키아Phoenicia사람들의 글자에서 형성되었고 오랜 세월에 걸쳐 변형되고 정립된 문자이다. 우리가 '알파벳Alphabet'을 '알파벳'이라고 부르는 이유가 바로 이 그리스문자의 첫 글자 '알파A'와 두 번째 글자 '베타B'에서 유래한다는 것은 두말할 필요도 없거니와 로마글자 역시 그리스글자에서 약간 변형된 것에 지나지 않는다.

그리스글자는 서양문화의 뿌리로서 지금도 서양문화와 함께 살아 숨 쉬고 있다. 서양사회에서 각종 학문의 학술용어로 쓰이는 그리스어 어휘에 대해서는 다음에 생각하기로 하고 우선 실생활에서 딱 한 가지 예를 들어보자. 통합 유럽의 화폐단위로서 우리가 영어식 발음에 따라 '유로'화貨라고 부르는 지폐를 가만히 들여다보면 5, 10, 20, 50, 이렇게 값을 표시한 아라비아 숫자 바로 옆에 'EURO'라고 쓴 로마글자 바로 밑에 'ΕΥΡΩ'라고 쓴 그리스글자를 볼 수 있다. 이는 그리스글자와 로마글자가 유럽문화의 뿌리요 줄기라는 역사적 사실을 단적으로 보여주는 증거라고 하겠다. 뿌리를 상징하는 그리스글자는 땅 밑 나무뿌리처럼 금방 눈에 띄지 않게

ALPHAGAMMASIGMA
The CaliforniaCommunityCollegeScholastic Honor Society

그리스글자 :'알파A', '감마Γ', '시그마Σ'는 캘리포니아 2년제초급대학(Community College) 우등생모임의 명칭으로서 흔히 로마자로 바뀐 약칭 AGS로 통용되고 있다. AGS는 각각 그리스어로 '빼어남Arete (Excellence)', '앎/깨달음Gnosis (Knowledge)', '슬기Sophrosyne (Wisdom)'의 첫글자를 딴 것이다.
출처: www.ags-honor.org

거무스름한 바탕 위에 적혀 있고 땅 위로 뻗어 오른 줄기를 상징하는 로마글자는 또렷하게 보인다. 꿈보다 해몽이 좋다고 말할 사람들도 있겠지만 아무튼 우리로서는 예사로 보아 넘기기 어려운 그네들의 남다른 역사의식이 아닐까 한다.

미국 대학생들은 그리스글자 대문자를 두서너 개씩 골라 묶어서 우등생 모임이나 기타 각종 사교모임의 클럽 명칭으로 사용한다. 고전그리스어를 공부하는 미국 대학생을 만나기란 좀처럼 드문 일이겠지만, 클럽에 들락날락하는 학생이라면 그리스글자 두서너 개 정도는 알고 있음이 분명하다. 대학은 무엇보다 학문하는 곳이니만큼 서양 학문의 상징 역할을 하는 그리스글자가 대학생 '동아리'의 명칭으로 쓰이는 것은 그런대로 뜻있는 일인 것 같다.

3) 키릴문자
러시아어, 불가리아어, 세르비아어 같은 슬라브 언어를 적는 글자이다. 몽고어는 전혀 슬라브 언어가 아니면서도 러시아에 인접한 지리적, 정치적 영향 때문에 근세에 와서 키릴문자를 채택하여 쓰고 있다. 키릴문자는 9세기 동방 비잔틴 정교회의 수도승이었던 키릴Cyril(826-69)과 메토디우스 Methodius(815-85) 형제가 그리스글자를 바탕으로 슬라브 말 음운에 맞도록 글자 몇 개를 더 만들어 넣은 알파벳 문자이다. 그러므로 글자 수는 그리스문자 24개보다 예닐곱 개 정도 더 많다. 키릴이 만든 문자라고 하여 영어로는 '시릴릭 알파벳Cyrillic Alphabet'이라고 한다. '키릴'은 애초의 그리스어 'Kyrillos'에서 유래한 발음이고 '시릴'은 서방 후기 라틴어에 입각한 영어식 발음이다. 한국 가톨릭교회에서는 로마 가톨릭교회의 전례에 입각한 이탈리아식 발음에 따라 '치릴로'와 '메토디오'라고 부른다. 아무튼 키릴과 메토디우스는 그리스도교를 그때까지 문맹이었던 슬라브 민족에게 전파하려고 하니, 또한 그리스어로 된 성경을 슬라브 민족에게 읽히고자 하니 우선 문맹에서 벗어나는 일이 무엇보다도 급선무임을 절실히 느꼈던 선교사 형제였다. 그러므로 슬라브 민족에게 그리스도교를 전파하려는 목적 아래 탄생된 글자가 키릴문자이다.

소련이 무너지고 러시아와 수교한 지도 꽤나 시간이 지난 오늘날 서울이나 부산의 거리에는 키릴문자로 된 간판이 여기저기 눈에 띈다. '나는 공산주의가 싫어요!' 같은 구호를 귀에 못이 박히도록 듣고 자라던 60년대에는 그야말로 상상도 할 수 없는 일이었다. 덧없는 세월의 흐름을 다시 한 번 피부로 느끼지 않을 수 없게 하는 오늘의 거리풍경이라 하겠다.

키릴문자와 관련하여 내가 어떤 불가리아 출신 여성에게서 직접 들은 이야기 하나를 소개하고 싶다. 다름이 아니라 키릴과 메토디우스 성인의 축일이 불가리아에서는 최대 경축일이라는 것이다. 9세기 비잔틴제국의 북쪽 지방, 현재의 그리스 북부에서 태어난 두 성인을 딱히 지금의 불가리아 사람이라고 단정할 만한 근거는 아주 미미할 뿐인데도 자기네 나라말을 적는 글자를 창안했다는 공을 칭송하기 위하여 두 성인의 축일을 국가적 경축일로 정해 놓고 매년 대대적인 행사를 벌인다고 한다. 이를 두고 생각해 보면, 한동안 국경일에서 제외되었던 한글날이 이제 다시 국가경축공휴일로 격상되었다는 소식은 정녕 기쁘고 반가운 일이라고 하겠다.

4) 아랍글자

아랍글자는 아랍어를 적는 문자라는 것, 오른 쪽에서 왼쪽으로 쓴다는 것, 우리 눈에는 지렁이가 기어가는 듯한 모양이라는 것 정도는 중동과의 교류가 활발한 지금 누구나 알고 있는 상식이 되었다. 그러나 모로코에서 시작하여 아프리카 북단을 온통 가로질러 지중해 동쪽 연안을 거쳐 사우디 아라비아에까지 광범위하게 쓰이는 언어인 아랍어뿐 아니라 이란Iran사람들의 말인 페르시아어, 아프가니스탄 말 파슈토 Pashto, 파키스탄 말 우르두Urdu도 아랍글자로 적는다. 아랍 어와 페르시아어의 관계는 같은 로마자를 쓰는 영어와 폴란 드어의 관계보다 더 멀다고 할 수 있다. 글자는 같은 아랍글 자로 적지만 언어는 전혀 다르기 때문이다. 언어학적으로 볼 때 페르시아어는 영어처럼 인도유럽 어족語族에 속하기 때문 에 셈Sem어족의 하나인 아랍어와는 아주 다른 언어이다.

아랍글자로 적는 말이라고 해서 모두 아랍어가 아닌 것과 마찬가지로, 아랍어가 모국어인 사람들이라고 해서 모두 이 슬람교도는 아니라는 것도 참고로 알아두면 좋은 상식이다. 아랍어를 쓰는 중동 여러 나라에는 초기 그리스도교회의 직 계자손이라 할 만한 그리스도교인들이 이집트, 레바논, 시리 아, 이라크 등지에 드문드문 살고 있다. 반면에 터키사람들은 아랍어가 모국어도 아닐 뿐더러 아랍글자 또한 한때 쓰다가 버리고 지금은 로마자를 채택하여 쓰고 있지만 터키국민의 절대다수가 이슬람교도이다. 아랍어와는 전혀 다른 언어권의 나라들, 즉 인도와 인도네시아 및 동남아 여기저기에도 이슬 람교도들이 많이 있다.

아랍어와 아랍글자, 아랍민족과 아랍문화 및 종교에 관해서는 우리 한국 사람으로서 헷갈리는 경우가 왕왕 있을 정도로 그네들의 역사는 복잡하게 얽히고설킨 이야기라 해도 지나친 말이 아니다. 하지만 아라비아 숫자 만큼은 오래 전에 이미 세계 공용문자가 되어 오늘날 세계 방방곡곡에서 시시각각 쓰이고 있다. 더욱이 일, 이, 삼, 또는 one, two, three라고 쓰는 것보다 1, 2, 3이라고 쓰는 편이 훨씬 눈에 빨리 띄고 결과적으로 머리에도 빨리 와 닿는다. 또한 세계 공용이기에 우리 문자생활의 한 부분이라 여기고 이를 잘 활용해야지 이런 데서까지 '한글사랑 나라사랑' 운운할 일은 아니라고 생각한다.

아랍어 신약성서

크고 작은 글씨의 아랍문자를 윗줄에서부터 차례대로 우리말로 옮기면 아래와 같다.

거룩한 책(The Holy Book),
신약(The New Testament)

복음(Gospel)
사도행전(Acts)
편지 모음(Letters)
계시록(Revelation)

동방 연합회 출판사
베이루트Beirut
출처: Shemiran Lazar
　　　개인 소장 도서

5) 히브리글자

히브리글자는 무엇보다도 옛날 이스라엘 민족이 그리스도교에서 구약성경이라고 부르는 그네들의 경전經典을 적어 놓은 글자로서 유명하다. 아랍글자와 마찬가지로 히브리글자도 오른쪽에서 왼쪽으로 적는다. 언어로서 히브리어는 아랍어, 아람어(Aramaic), 그리고 에티오피아어 아마릭(Amharic)과 함께 셈Sem어족에 속한다. 우리 한글을 포함한 알파벳 문자에 비하여 이들 셈 어족 문자의 중요한 특징은 자음子音만 있지 모음母音이 없다는 것이다. 때문에 아랍어나 히브리어로 된 글월을 자세히 보면 글자 아래 위에 작은 점들이 드물지 않게 박혀 있는데 이는 '아, 에, 이, 오, 우…' 같은 모음을 표시하는 점들이다.

유대교에서 신봉하는 신神의 이름을 로마자로 옮겨 쓴다면 'YHWH'로서 네 글자 모두 자음이다. 그런데 무슨 낱말이든 자음만으로는 발음이 불가능하다. 자음을 영어로 'consonant'라고 하는데 이를 라틴어 어원으로 풀이해보면, "모음(vowel)과 '함께con' 붙어야 비로소 '소리가 나는sonant' 글자"라는 뜻이다. 우리말로도 자음은 '엄마 소리[母音]'에 의지해야 낼 수 있는 '아이 소리[子音]'라고 풀이할 수 있다. 순수한 우리말로도 홀로 소리를 낼 수 있다고 하여 '홀소리'라 하고, '홀소리'에 닿아야 소리를 낼 수 있다고 하여 '닿소리'라고 불린다.

그런데, 모음이 없는 히브리글자로 그네들 신의 이름을 적을 수는 있지만 발음은 불가능하다. 이는 신의 이름을 인간이 함부로 입에 담을 수 없다는 것을 암암리에 엄중하게 못 박아 놓은, 유대교의 두드러진 특징 가운데 하나라고도 할 수 있다. 당시는 이스라엘 백성 대부분이 문맹이었고 글을 읽고 쓰는 일은 성직자들의 특권이던 시대이기도 했다. 그러나 소수의 특권층인들 자기네 신의 이름을 입으로 발음하며 기도해야할 필요성을 절감하지 않을 수 없었던 모양이다. 그리하여 중세기에 이르러 대략 7세기에서 11세기 사이에 유대교학자들의 노고를 통하여 모음을 표시하는 점부호체계가 완성되었다. 여기서 구약성경 모음부호에 관한 서지학적 역사는 우리가 알 바 아니지만, 모음부호를 어디에다 어떻게 찍느냐 하는 의견 차이 때문에 유대교 신의 이름도 '야훼Yahweh'와 '여호와Jehovah', 두 가지가 되었다. 하지만 '야훼'와 '여호와'는 우리네 '하느님'과 '하나님'처럼 서로 갈라져 둘 사이에 깊은 골이 패이지는 않았다. 현대 성서학자들의 연구결과 '야훼'가 맞는 표기이고 '여호와'는 잘못된 표기라는 것이 이미 밝혀졌기 때문에 정통교회 변경에 있는 비주류 소수 집단의 경우를 제외하면 '여호와'는 별로 맥을 못 추는 실정이다.

히브리글자와 마찬가지로 아랍글자도 자음만으로 되어있기 때문에 아랍어 문장에도 모음표시 점부호가 말 그대로 점점이 박혀 있다. 중동과의 교역이 활발해진 오늘날 우리는 대개 영어로 또는 프랑스어를 통하여 그곳 사람들과 소통하기 마련이다. 그런데 가령 영어로는 '모로코Morocco', '레바논Lebanon'이라 하지만 프랑스어로는 '마록Maroc', '리방Liban', 이렇게 로마자로 옮겨진 지명이 사용된 나라말에 따라 달라진 철자법을 보게 된다. 하지만 자세히 보면 모음만 변하지 자음은 고스란히 같은 음가를 유지하고 있다. 이 또한 아랍글자가 자음만으로 되어있고 모음부호점은 지역에 따라 시대에 따라 다르게 표기했기 때문에 생긴 차이일 뿐이다. 인명의 경우에도 마찬가지이다. 세상 만인이 다 아는 악명 높았던 이름 Bin Laden의 'Bin'이나, 우리에게 영화제목으로 잘 알려진 유대인의 이름 Ben Hur의 'Ben'은 둘 다 '(누구누구)의 아들', 영어로 'son of'를 뜻하며, 아일랜드 사람들의 성씨 앞에 붙는 'Mc'이나 'O'와 같은 뜻을 지닌 접두사이다. 아랍글자나 히브리글자로는 B와 N에 해당하는 자음글자 둘 뿐이고 모음부호점이 나라와 지방에 따라 다르게 찍힌 것뿐이다.

모음이 없고 자음만으로 된 아랍글자와 히브리글자는 위에서 본 바와 같이 어휘에도 공통점이 많다. 그런데도 분쟁이 끊일 날이 없는 아랍 여러 나라와 이스라엘의 문제를 생각해보면 원래 가까운 사람들끼리 가까이에서 살며 부대끼다 보니 철천지 원수가 되는 것이 아닌가 싶다. 아무튼 그네들과는 아주 멀리 떨어져 사는 우리로서 말과 글에 얽힌 역사적 관점에서 알아두어야 할 한 가지 사실을 소개한다면 다음과 같다.

20세기 중엽에 새로이 형성된 나라 이스라엘, 그 국민들의 나라말인 현대 히브리어는 수천 년 동안 나라를 잃고 떠돌아다니던 민족이 수천 년을 끈질기게 지켜온 글자, 즉 히브리글자를 바탕으로 현대에 와서 새롭게 형성된 언어인데, 이는 언어 역사상 유래가 없는 독특한 경우라고 한다. 어느 나라를 막론하고 말이 먼저지 글이 먼저인 경우는 없었다. 우리말도 수천 년 전부터 있었으나 우리글 한글은 누구나 알다시피 15세기에 창제되었다. 히브리글자와 고대 히브리어는 유대교의 경전을 적은 문어文語로서 존재를 유지해 왔던 반면에, 뿔뿔이 흩어진 히브리 백성들은 당연히 자기들이 몸담고 사는 현지의 나라말을 모국어로 말하고 쓰며 생활하였다. 하지만 유대인들의 남다른 종교열은 곧 남다른 문자 교육열로 이어져 내려왔던 것 같다. 우리처럼 '국어사랑 나라사랑'이 아니라 저들은 '나라종교사랑 나라글자사랑'인 셈이었다. 현지어를 입으로 말하고 귀로 듣는 구어체 언어생활과 병행하여 히브리글로 적힌 경전을 낭송하고 '시편'을 읊조리는 문어체 언어생활이 긴긴 세월 동안 끊이지 않고 명맥을 유지해

온 결과, 마침내 이처럼 고대로부터 지켜온 문자를 바탕으로 현대 히브리어라는 새로운 나라말을 이루게 되었던 것이다.

6) 아람글자

아람글자는 물론 아람어를 적는 글자이다. 아람어는 영어로 'Aramaic'이라 하는데 위에서 잠깐 언급한 바와 같이 아랍어나 히브리어처럼 셈Sem어족에 속한다. 오늘날 아람어를 구사驅使하는 인구는 전全 세계를 통틀어 450,000명 정도인데 이 숫자마저 점점 줄어들고 있기 때문에 얼마 후엔 사라져버릴 운명에 처해 있다고 한다. 멀리 중동의 한 언어가 죽어간다고 해서 우리로서 안타까워해야할 이유는 없다. 다만 아람어는 역사적 인물로서의 예수 그리스도와 제자들 그리고 동시대 이스라엘 백성들의 언어였다는 사실에 대하여 간단히 이야기하고 넘어가는 것이 좋겠다.

앞에서 말한 대로 고대 히브리어는 유대교 경전, 즉 구약성경의 언어로서, 또한 종교예식에 쓰이는 전례언어로서 존재를 이어갔을 뿐, 히브리 백성들이 바빌로니아에 노예로 끌려갔던 기원전 6세기부터 글을 모르는 대다수 민중들의 입에서 귀에서 잊히기 시작하여 결국 뇌리에서도 사라져버렸다. 말하자면 오늘날 서양의 라틴어처럼 고전문헌 속에서만 존재할 뿐 실생활에서는 사어死語가 된 것이었다. 대신 고대 바빌로니아 및 페르시아 전역에 걸쳐 당시에 널리 통용되던 말이 바로 아람어였기에 이 아람어가 당연히 현지 언어로서 히브리 백성들의 일상생활언어가 되었던 것이다. 아람어는 이슬람교가 세력을 떨치기 시작한 7세기까지 천년이 넘게 중동지방의 공용어였다가 7세기 이후 차츰차츰 아랍어에게 지배권을 빼앗기게 되었다.

아람글자는 또한 아랍글자와 현대 히브리글자의 직접, 간접적인 조상이기도 하다. 성서 고고학자들은 최초의 복음서도 그리스어로 쓰여 지기 전에 부분적으로는 아람어로 기록되었으리라고 추정하고 있다. 1세기 중반에 기록된 것으로 추정되는 '사해문서(Dead Sea Scrolls)'도 히브리어와 아람어로 되어 있다고 한다.

현재 아람글자를 읽을 수 있는 사람들은 이락과 시리아를 포함한 중동 지역에 드문드문 살고 있는 유대인과 그리스도교인들이다. 중동 지역의 그리스도교인들은 이슬람교도가 절대다수인 나라에서 살기가 힘든 관계로 대거 미국으로 이주하였고 지금도 계속 이주하는 중이라고 한다. 미국에서 직장동료로 알게 된 이락 출신 한 ESL(외국어로서의 영어)선생님 덕분에 나는 그분의 집에서 아람어로 된 성경을 읽을 수는 물론 없고 구경만 할 수 있었다. '주기도문主祈禱文'이 아람글자로 새겨진 큼지막한 액자를 가보家寶처럼 소중히 여기는

아람어 '주기도문
(The Lord's Prayer)'

이는 1980년대 중엽 예루살렘에서 구입했다는 4개의 타일(tile)인데, 각 타일에 4편으로 흩어져 있는 아람글자를 해독하여 한 편의 액자가 되게끔 맞춘 것이다. Shemiran Lazar 선생님의 설명에 의하면 위 아람어는 옛 시리아어(Old Syriac) 계통의 아람어라고 한다. 고대말기 이후부터 아람어는 한 가지 언어로서 존재하는 것이 아니라 시대와 지역에 따라 다양하게 변형되었으며, 중동지역의 동방 그리스도교회에서는 옛 시리아어로 변형된 아람어를 교회전례언어로 사용하게 되었다.
출처: Shemiran Lazar 개인소장품

아람어 신약성서

세 줄로 된 아람글자를 우리말로 대략 옮기면 맨 윗줄의 작은 글자는 '책(Book)'; 둘째 줄의 큰 글씨 글자는 '신약의/새로이 약속된(of New Testament)'; 셋째 줄은 '우리 주님 예수 그리스도로부터 (of the Lord Jesus Christ)'라는 뜻이 된다고 한다.
출처: Shemiran Lazar 개인 소장 도서

모습도 매우 인상적이었다.

7) 인도글자

7억이 넘는 인구가 300개 이상의 언어를 말하고 쓴다는 나라, 인도는 우리로서 상상조차 하기 어려운 다多민족, 다多언어국가이다. 그 인도를 비롯하여 아래쪽 섬나라 스리랑카와 동쪽 인도차이나 반도까지를 두루 생각해 보면, 그처럼 넓은 지역에서 그처럼 여러 나라, 여러 민족이 사용하는 글자가 어찌 한 가지뿐일까? 당장 이런 의문이 들고도 남을 법하다. 그러나 전문가의 설명에 의하면 인도, 티베트, 인도차이나에서 사용되는 200여 글자들은 직접적으로든 간접적으로든 모두 브라만Brahman글자-영어로 '브라미Brahmi'라고 하는 고대 인도문자-에서 파생된 것이라고 한다.

이는 오늘날 컴퓨터 기술의 발달 덕분에 '흔글' 프로그램으로 금방 확인할 수 있는 일이다. '흔글'의 '유니코드 문자표'로 들어가서 왼편에 줄줄이 뜨는 언어들 가운데 인도와 인도차이나에서 쓰는 언어 몇 개만 골라 클릭해보면 알 수 있다. 힌두어, 벵골어, 구자라트어, 오리야어, 타밀어, 티베트어, 타이어, 라오어, 미얀마어, 크메르(캄보디아어) 등등, 이들 언어를 적는 글자들은 모두 우리 눈에 비슷비슷하게 보일 뿐 아니라 가느다란 국수 끝자락이 말려 있는 것 같기도 하고, 작은 조가비 모양 같기도 하다. 그래서 그런지 연전에 어떤 프랑스 여성 인도학자가 타이 글자를 칭하여 "가는 국수가락(vermicelles)"이라고 했던 표현이 생각난다.

브라만어는 우리말로 '범어梵語'라고도 하는데 이는 물론 '브라만Brahman'을 비슷한 소리의 한자 '범梵'으로 음역音譯한 다음에 '어語'자를 갖다 붙인 낱말이다. '영국말, 불란서말, 독일말, 브라만말'이라고 하는 대신 '영어, 불어, 독어, 범어', 이렇게 줄인 말이 더욱 자연스럽게 통용되고 있다. 고대 인도의 종교를 의미하는 경우에는 '브라만' 전체를 한자로 음역하여 '바라문婆羅門'교라고도 했으나 다행히 이제는 한글시대가 되어 인도와 서양에서 유래한 외래어를 읽기가 훨씬 수월해졌다.

그런데 여기서 잠깐 생각해보자. 우리나라에 불교가 전해진 시기는 아득히 먼 삼국시대 4세기인데 한글은 그로부터 약 1,100년이 지난 15세기에 창제되었다. 창제되고 나서도 온 국민이 일상으로 쓰는 글이 되기까지는 또 500년이 넘는 세월을 흘려보내야 했다. 그러므로 한글이 아직 없던 시대에는 불교의 경전이나 종교예식 용어 전부를 한자로 음역하여 읽을 수밖에 없었다. 한편, 불교는 브라만교를 모태로 형성된 종교이다. 불교와 브라만교의 관계는 그리스도교와 유대교의 관계와 비슷하다고 해도 좋겠다. 아무튼 불교에 관한 서적도 브라만교의 신화와 문학을 기록한 고전어 '산스크리트 Sanskrit'어문에서 파생된 인도글자로 기록되었다. 그러나 이 산스크리트어로 적힌 수많은 불교용어와 어휘는 모두 한자 음역을 통하여 우리에게 전해질 수밖에 없었다. 그리하여 로마자로는 '붓다Buddha'인데 우리말로는 '불타佛陀'를 거쳐 '부처님'이 되었고 '보디샤트봐Bodhisattva'는 '보살菩薩', '니르바나Nirvana'는 '열반涅槃', 등등이 되었다.

앞에서 말했듯이 세계의 모든 글자 가운데 뜻글자는 한자 하나뿐이고 나머지는 모두 알파벳이나 음절로 구성된 소리글자이다. 산스크리트어를 적은 브라만글자는 대부분 자음에 모음이 딸려 있긴 하지만 아무튼 알파벳으로 된 소리글자이다. 뿐만 아니라 산스크리트어는 고전그리스어 및 라틴어와 같이 '인도유럽(Indo-European)' 어족語族에 속하는 고전어인 관계로 우리말이나 중국어와는 아주 동떨어진 말이다. 게다가 문자라는 관점에서 볼 때 브라만글자는 뜻글자인 한자와는 아주아주 동떨어진 소리글자이다. 산스크리트어는 오히려 같은 인도유럽어족인 영어에 훨씬 더 가깝다고 하겠다. 그런데도 이 산스크리트어에서 유래한 불교경전 및 어휘와 용어를 뜻에는 관계없이 소리만 엇비슷하게 나는 한자로 옮겨 적어 놓았으니 "어린 백성"이 뜻을 짐작하기는커녕 우선 읽기조차 얼마나 번거롭고 힘들었을까! 한글이 없던 시절 세종대왕에게 그러한 "어린 백성"이 얼마나 딱하게 보였을까! 한글을 마음껏 쓰고 있는 오늘날 이는 쉽게 짐작이 가고도 남음이 있다.

이야기가 딴 길로 새는 것 같지만 좀 더 끌고 나가고자 한다. '월인천강지곡月印千江之曲'의 저자 세종대왕이 산스크리트어에서 유래한 한자 음역어휘로 가득 찬 불경이나 불교관계 서적을 일상으로 접하고 있었다는 것은 의심할 수 없는 사실이다. 한편, 한글은 한자처럼 뜻글자가 아니라 자음과 모음을 갖춘 소리글자로서 오늘날 이미 국제적으로 'Hangul'이라는 고유한 이름으로, 또는 영어로 'Korean Alphabet'이라고 알려져 있다. 그런데 뜻글자 한자만이 세상천지를 독점하고 있던 시대에 소리만을 표시하는 글자, 자음과 모음으로 구성된 '소리글자'가 있을 수 있다는 생각이 어떻게 하여 세종대왕의 머릿속에 떠오르게 되었을까? 다름이 아니라 인도에서 유래한 불교관계 서적에 접함으로써 떠오른 생각이었으리라고, 읽기가 말할 수 없이 번거로운 한자 음역어휘 때문에 우리말 음운에 맞는 소리글자의 필요성을 절감하게 되었으리라고 *The Story of Writing*의 저자 Andrew Robinson은 설명하고 있다.

종교의 전파에 있어서, 특히 글로 기록된 경전에 입각한 종교의 전파에 있어서 문자가 대단히 큰 역할을 한다는 것은 역사를 통하여 잘 알려진 사실이다. 이는 앞서 그리스도교와 키릴문자의 관계에서 이미 확인할 수 있었다. 인도에서 유래한 불교는 동쪽으로 퍼져 나가면서 가는 곳마다 문자생활에 지울 수 없는 흔적을 남겼다고 하겠다. 우선 티베트글자가 인도글자를 바탕으로 만들어지게 되었다. 13세기에 이르러 다시 이 티베트글자를 바탕으로 몽고글자가 티베트 라마Lama교 스님에 의하여 창안되었다고 한다. 이렇게 만들어진 몽고글자는 오랫동안 몽고말을 적어 왔던 그네들 고유의 글자였지만, 근세에 와서 인접한 강대국 러시아의 영향으로 지금은 키릴문자를 사용하고 있다. 중국의 경우, 한자는 불교가 전해지기 훨씬 전부터 이미 사용되고 있었을 뿐 아니라 세계의 모든 글자 가운데 유일하게 뜻글자라는 고유한 특성으로 인하여 소리글자인 인도글자가 한자 자체에 어떤 영향을 끼쳤다고 말할 수는 없다. 반면에 한자를 빌려 쓰고 있던 한국과 일본의 문자생활에 불교의 전파는 엄청난 영향을 끼쳤다. 우리의 경우, 인쇄술의 발달에 불교가 대단한 촉진제 역할을 했다는 것은 굳이 여기에서 언급할 필요조차 없는 일이지만, 한자 음역어휘로 가득 찬 불경은 또한 세종대왕의 한글 창제와 무관하지 않았다는 사실도 바로 앞에서 확인할 수 있었다. 일본의 경우는 더 말할 것도 없다. 8세기경부터 한자를 바탕으로 하여 일본의 글자 '카나kana'를 만들어 쓰기 시작한 이들은 모두 불경을 읽고 쓰던 스님들이었다고 한다. 인도차이나 반도의 경우, 타이어, 라오어, 미얀마어, 그리고 '크메르khmer'라고 불리는 캄보디아어, 이들 언어를 적는 글자는 모두 앞에서 말한 바와 같이 고대 브라만글자를 바탕으로 제각기 조금씩 다르게 형성된 문자들이다. 이들 글자의 성립과 발달 또한 인도차이나 반도 전역에 널리 퍼진 불교-좀 더 정확히 말하자면 소승불교-와 깊이 연관되어 있다는 사실은 지구촌 시대의 우리 모두가 알아야 할 상식이라고 하겠다.

내가 10년 넘게 몸담고 있는 학교 Long Beach City College에는 캄보디아 출신의 학생과 교직원이 꽤 많다. 그들과 얘기를 나누면서 언어와 지리에 관계된 흥미로운 사실을 알게 되었는데 소개하자면 다음과 같다. 캄보디아의 나라말 '크메르Khmer'어는 문법적인 면에서 볼 때 힌디어보다 중국어에 더 가까운 언어인데 반해 그네들이 쓰는 '크메르'글자는 고대 브라만글자에서 파생된 인도글자의 하나라는 것이다. 어휘 면에서 보더라도 중국어에서 유래한 낱말과 산스크리트어에서 유래한 낱말이 골고루 섞여 있다고 한다. 그러므로 캄보디아를 포함한 인도차이나 반도는 인도문화와 중국문화가 함께 공존하는 지역이라고 할 수 있으며, 따라서 이 지역을 '인도차이나' 반도라고 부르는 까닭이 머릿속에 아주 또렷이 인식되는 것이었다.

　인도차이나 반도에서 인도 유래의 글자를 쓰지 않는 나라는 인도에서 가장 멀리 떨어져 있는 베트남 하나뿐이다. 중국 바로 남쪽에 위치한 베트남은 우리처럼 오랫동안 한자를 빌려 써왔다. 그리하여 한자를 바탕으로 'Chu-Nom(字喃)'이라는 글자체계를 만들어 20세기 초반까지 사용하였다. 우리도 최근까지 'Viet-Nam'을 '베트남'이라고 하지 않고 한자로 쓴 '越南'을 우리식으로 발음하여 '월남'이라고 불렀었다. 그러나 베트남은 프랑스의 식민지가 되었던 관계로 식민통치를 받던 동안 프랑스 선교사들에 의하여 창안된 로마자 표기법을 나라글자, 즉 'Quoc-Ngu(國語)'로 채택하게 되었다. 20세기 초반까지만 해도 두 글자체계를 병행하였으나 지금은 Quoc-Ngu만 사용하고 있다. 그런데 프랑스 선교사들 역시 그리스도교를 전파하려는 목적 아래 성경에 나오는 갖가지 인명과 지명, 또 그리스어에서 유래한 전례용어 및 어휘를 베트남어 음운에 맞는 엇비슷한 소리의 한자로 음역하려고 시도해보지 않았을까? 하지만 소리글자로만 교육 받은 그네들에게 뜻글자 한자의 세계는 도저히 헤쳐 나갈 수 없는 오지奧地의 정글이었을 것이다. 그리하여 복잡한 한자는 치워버리고 새 글자로서 창안된 것이 베트남어의 로마자 표기법이다.

언어로서 베트남어는 어휘에 있어서나 문장에 있어서나 한자문화권에 속한 말이다. 발음에 있어서도 중국어처럼 음절 하나하나가 성조聲調(tone)를 띤 '성조언어'이다. 오늘날 베트남 국민들에게 "호胡 아저씨(Uncle Ho)"라고 불리는 Ho Chi Minh은 정치가이면서도 한편으로 한시漢詩를 즐겨 썼고 한문서한도 다량으로 남긴 문인이었다고 한다. 한자를 버리고 로마자를 택한 것은 크나큰 문화의 손실이라는 얘기가 베트남의 지성인들 사이에 오가고 있을 정도로 이제 베트남어는 말의 뜻과 소리가 완전히 이산가족이 된 셈이다. 'thank you', 즉 고맙다는 말이 베트남어로는 '까믄' 비슷한 소리인데, 이것이 원래 '감은感恩'에서 출발했다는 것을 아는 베트남 사람은 극히 드물다고 한다. 어떻게 생각하면 우리보다 더 심각한 문자문제를 안고 있는 나라인 것 같다. 아무튼 한자문화권에 속한 나라말을 로마자로 적고 있는 베트남의 경우를 우리와 비교해서 생각해보면 우리의 세종대왕은 참으로 '성군聖君'이라고 불리기에 조금도 손색이 없는 분이 아닐까 싶다.

2. 고전어/학술어, 국제어

1) 고전 그리스어

오늘날 그리스글자는 로마자처럼 사용영역이 넓다고는 할 수 없다. 그러나 역사적으로 볼 때 고대 그리스는 서양문화의 발상지요 요람지였던 관계로 고전 그리스어는 영어를 포함한 유럽 대부분 언어들의 뿌리로서 수학을 비롯한 자연과학 및 인문학 전체를 총괄하는 학술용어가 되었다. 유럽은 물론이고 중동과 인도를 거쳐 중국, 한국, 일본, 미국, 어느 나라에서건 학교를 다녀 본 사람이라면 수학시간이나 과학시간에 '파이Π/π'라든가 '베타B/β'니 '감마Γ/γ'니 하는 그리스글자에 대해 들어보지 못한 사람이 아마 하나도 없을 것이다.

고전 그리스어 어휘는 로마자를 쓰는 서양의 여러 나라 말로 유입되면서 당연히 로마자로 바뀐 모습으로 표기되었다. 이탈리아어와 스페인어에서는 소리 나는 대로 표기하지만 어원語源에 대하여 철두철미한 프랑스어, 그리고 역사적으로 프랑스어 어휘를 대거 받아 들여야 했던 영어 철자법에서는 각 그리스글자에 상응하는 음가音價의 로마자로 변환하여 적는 만큼, 그리스글자로는 한 자라도 로마글자로는 두 자가 되는 경우가 종종 있다. 예를 들면 그리스글자 '프시Ψ/ψ'는 로마자 'ps'로(psychology, psychiatry, Psalm, etc.), 그리스글자 '세타Θ/θ'는 로마자 'th'로(theory, therapy, theology, etc.), 그리스글자 '피Φ/φ'는 로마자 'ph'로(philosophy, photography, symphony, etc.), 그리스글자 '로P/ρ'는 로마자 'rh'로(rheumatism, rhetoric, rhythm, etc.), 그리스글자 '키X/χ'는 로마자 'ch'로(Christ, chorus, orchestra, etc.) 옮긴다.

간혹 예외가 있긴 하지만 '그레코로만Greco-Roman 철자 변환법'이라고 해도 좋을 만큼 아주 체계적이다. 연말이 되어 크리스마스카드를 보내는 철이 되면 간혹 'Christmas'를 'X-mas'라고 줄여 쓴 표기를 볼 수 있는데 그리스글자를 아는 사람이면 이를 '크리스마스'라고 읽을 테고 모르는 사람은 '엑스-마스'라고 할 것이다. '크리스마스'라고 하건 '엑스-마스'라고 하건 우리의 언어생활에서 다루어야 할 문제는 물론 아니다. 다만 초등학교 때부터 너도 나도 질세라 영어 배우기에 열중하고 있는 우리 학생들에게 영어의 뿌리는 앵글로-색슨(Anglo-Saxon)어 바탕 위에 프랑스어를 거쳐 들어온 고전 그리스-라틴어라는 것, 그러므로 그리스어 어원을 알고서 영어 단어를 익히면 어려운 영어공부가 한결 쉬워질 수도 있다는 것을 일러두고 싶다.

르네상스 시대부터 아주 최근까지 유럽의 지식인들은 고전 그리스어와 라틴어를 배우고 익히는 것을 모름지기 지식인의 과제로 삼았다. 특히 프랑스사람들이 그러한 지식인 부대의 선두를 달리는 경우가 많았다. 20세기 중반까지 유럽에서 영어의 존재는 매우 미미했을 뿐 아니라 영어를 모국어로 말하는 사람들, 요즘 한국에서 널리 통용되는 말로 '영어 원어민'의 교육 수준 또한 별로 높지 못했던 모양이다. 셰익스피어가 그의 작품 『줄리어스 시이저 Julius Caesar』에 사용했기 때문인지 몰라도 영국 사람들이 즐겨 쓰는 관용구 가운데 "It's all Greek to me"라는 말이 있다. 이는 곧 "나에겐 모두가 그리스말/글이요"라고 직역할 수 있는데, 기실은 "뭐가 뭔지 (도무지) 아무것도 모르겠다!"는 뜻이다. 그런데 같은 의미의 관용구이지만 프랑스어로는 "C'est du chinois(중국말)" 아니면 "C'est de l'hébreu(히브리말)"이라고 하지 결코 그리스어라고 하지는 않는다. 이는 물론 비교언어학적 연구가 아니라 그저 농담이지만 시사해 주는 바가 있다.

의학을 포함한 서양학문의 거의 모든 분야에서 쓰는 전문용어 역시 대부분이 그리스어 어휘로 구성되어 있다. 90년대 미국에서 의과대학생이던 조카가 처음으로 한국을 방문했을 때 나와 나눈 대화를 잠간 여기에 소개하는 것이 좋겠다. 나는 그 즈음 경기도 과천에 살고 있었는데 한국말과 한글에 서툰 조카가 과천 '어린이 대공원'이라는 지하철 정류장 이름을 보고는 '어린이'는 아는데 '대공원'이 무슨 뜻이냐고 물었다. 그래서 영어로 대충 'big park'라고, '공원'은 'park'이고 '대'는 'big'이라고 설명해주었다. 그랬더니 그게 아니라 '큰' 이 'big' 아니냐고 되묻는 것이었다. 그래서 둘 다 같은 뜻인데 '큰'은 순수한 우리말이고 '대'는 한자어라고, '큰'이 'big' 이라면 '대大'는 그리스어에서 유래한 'macro'에 해당한다고 했더니 조카는 대번에 알아들었다고 고개를 끄덕였다.

조카는 의학도이기 때문에 라틴어와 그리스어로 된 학술용어에 친숙하다. 하지만 전문직에 종사하지 않는 일반 미국 사람들은 'macro(대大)'나 'micro(소小)' 같은 그리스어 접두사接頭辭는 고사하고 안과, 정형외과, 소아과 같은 의학의 전문분야를 지칭하는, 생활에서 자주 쓰일 것 같은 의학용어도 모르는 이가 허다하다. 예를 들어 '안과眼科 의사'라는 뜻의 영어 '오프탈몰로지스트ophthalmologist' 같은 말은 사전이나 병원 진료실 안내간판에 적혀있는 학술어일 뿐 일반 대중에겐 아주 낯선 말이다. 우리나라에서는 초등학교 3-4학년 정도만 되어도 '안과의사'라고 하면 금방 알아들을 말인데 미국에서는, 특히 캘리포니아에서는 웬만한 고등학교를 졸업했다는 사람도 'ophthalmologist'라고 하면 눈을 두리번거릴 뿐 무슨 말인지 모르기 때문에 '아이 닥터(eye doctor)'라고 해야 말이 통한다. 그런가 하면 프랑스에서는 '안과의사(ophtalmologue)'를 줄인 말 '오프탈모ophtalmo'가 널리 쓰인다. 이처럼 미국 대중이 쓰는 일상생활 영어(everyday English)와 비교해 볼 때 프랑스어는 그래도 고전 그리스어 어휘가 꽤나 대중화되어 있는 언어인 것 같다.

미국사람들이 고전 그리스어에 대하여 얼마나 무식한가를 말해주는 농담이 하나 있는데 소개하자면 다음과 같다. 어느 미국 촌뜨기가 20년 전에 자기를 두고 '하마河馬(hippopotamus)'라고 욕했던 친구를 법정에 고소했다고 한다. 20년 전에 있었던 일을 갖고 왜 이제 와서 들추느냐고 판사가 묻자 촌뜨기 왈, 20년 전 그때는 '히포포타무스'라고 하기에 무슨 옛날 철학자나 현자의 이름처럼 들려서 칭찬하는 줄 알고 기억해 두었는데 요 근래 새로 생긴 동물원에 구경 갔더니 그게 아니더라는 것이었다.

이는 아무리 사소한 일이라도 툭하면 법정으로 끌고들 가는 미국 사회의 한 단면을 보여주는 농담이기도 하다. 하기야 하마는 생긴 몰골로 보아서는 동물 중에서도 무지막지 야만스럽게 보이는데 이름만큼은 '강물 말'이라 하지 않고 유식한 한자어로 불리는가 하면, 영어로도 'river-horse'라고 하면 될 것 같은데 어려운 고전 그리스어에서 유래한 명함을 달고 있으니 가소로운 농담거리를 제공하는 가소로운 짐승인가 보다.

우리말로 '그리스Greece', '그리스어Greek', '그리스 사람들 Greeks'이라고 하는 것은 서양 외래어의 경우 대개 그러하듯 영어식 발음에 따라 부르게 된 명칭이다. 영어로 'Greece'라고 하는 나라이름은 고대 로마사람들이 '그레시아Graecia'라고 칭했던 라틴어에서 유래한다. 그러나 정작 그리스사람들은 자기네 나라이름을 '헬라스Hellas'라고 하였고 그네들 자신을 가리켜 '헬레네스Hellenes'라고 칭하였다. 이 'Hellas'의 한자 음역어 '희랍希臘'을 표준 중국어(Mandarin) 발음으로 읽으면 'xi-la(실라)'가 된다. 그러니 아마도 중국 사람들은 라틴어에서 유래한 이름보다 그리스어 원래의 이름을 선호한 것이 아닌가 싶다.

이렇게 자칭 '헬레네스'라고 하였던 사람들은 일찍부터 문자를 소유함으로써 찬란한 문화를 꽃피운 문명인으로 자부했던 반면에 글자를 모르던 주변의 이방인들을 가리켜 '야만인(barbarians)'이라고 불렀다. 하지만 그리스인에게 '야만인'은 야만인이라기보다 단순히 그리스말과 글을 모르는 외국인이었다. 외국인이 입으로 지껄이는 소리는 그리스인의 귀에 그저 '바르바르…'라고만 들릴 뿐이었기에, 이처럼 '바르바르…'하고 들리는 소리시늉말-어학 용어로 의성어擬聲語 (onomatopoeia)-에서 '야만인(barbarian)'이란 낱말이 생겨났던 것이다.

말은 하지만 글자가 없는 민족을 가리켜 야만인이라고 불렀던 고대 그리스인들, 그네들의 문자 숭상주의 사고방식은 어쩌면 고대 중국인들의 사고방식과 다르지 않았던 것 같다. 오히려 고대 중국인들이 고대 그리스인들보다 한 수 더 떴다고 말할 수도 있겠다. 왜냐면 그리스인들에게 야만인들은 모두가 차별 없이 야만인이었는데 비하여 중국인들은 주변 오랑캐 민족마다 각각 색다른 이름을 붙여 구별했기 때문이다. 자기네 중국인들은 세상 한가운데서 화려하게 빛나는 나라 사람들, 이른바 중국화인中國華人이라 하였고 주변 오랑캐들은 동이東夷, 서융西戎, 남만南蠻, 북적北狄, 이렇게 구별해서 불렀다. '단군신화'가 기록되어 있다는 중국 역사서 '삼국지三國志'에서 우리 민족을 가리켜 '동쪽 오랑캐(東夷)'라고는 했지만 이 '이夷'자는 '큰 대大'자와 '활 궁弓'자로 풀이 되는 만큼, 이는 분명히 말 잘 타고 활 잘 쏘는 기마민족 고구려 사람들에게 딱 들어맞는 이름이었던 것 같다. 무시무시한 창칼의 이미지를 떠올리게 하는 서쪽 오랑캐 '융戎'자라든가, 벌레가 우글거리는 정글을 연상시키는 남쪽 오랑캐 '만蠻'자,

개 사슴마냥 몸에 털이 부숭부숭한 원시인 같은 북쪽 오랑캐 '적狄'자에 비하면, 고대 중국의 역사학자가 지어 준 우리의 옛 이름은 우리가 도저히 서쪽, 남쪽, 북쪽 오랑캐들과 한통속으로 취급될 수 없는 출중한 민족임을 미리 예언해 준 두 글자가 아니었을까.

고전 그리스어(Classical Greek)는 아득한 옛날 호메로스 Homeros가 '일리아스'와 '오디세이아'를 읊었던 언어, 소크라테스가 제자들과 대화를 나누었던 언어, 플라톤과 아리스토텔레스의 작품이 기록된 원전의 언어이다. 또한 기원전 5세기에서 4세기 초반까지 아테네를 중심으로 그리스 고전문학의 황금기를 이루었던, 오늘날 고전 중의 고전으로 손꼽히는 언어이자 서양의 모든 학문, 예술분야에 두루 통용되고 있는 학술어이다.

시대가 흘러 기원전 4세기 중엽에 이르자 그리스 북방의 나라 마케도니아에서 태어난 알렉산더 대왕이 지중해의 패권을 장악하고 이집트에서 메소포타미아에 이르는 대제국을 건설하였다. 그는 이집트 북쪽 지중해에 면한 항구도시를 수도로 정하고 자신의 이름을 따서 '알렉산드리아'라고 칭하였다. 알렉산더 대왕이 세운 대제국이 사방으로 영토를 확장해 나감에 따라 그리스어의 운명도 약간 다른 길로 접어들게 되었다.

2) '코이네(Koine)'/헬라어

알렉산더 대왕은 기원전 323년에 사망하였으나 그가 세운 대제국은 정복한 땅마다 그리스어로 교육하는 학교(gymnasion)를 세움으로써 그리스 언어와 문화를 널리 그리고 심도 깊게 심어 나갔다. 얼마 되지 않아 그리스어는 지중해 전全 지역으로 광범위하게 퍼져 나갔고 이른바 지중해의 '공통어', 즉 '코이네Koine'라고 불리게 되었다. 그리스어 'Koine'는 영어로 'common'이란 의미를 지닌 낱말인데, 이는 지중해 전역에서 '공통共通으로 사용된 언어'라는 뜻이다. 그러므로 우리말로는 '공용어公用語'라기보다 '공통어共通語' 혹은 '보통화普通話'라고 하는 편이 낫겠다.

앞에서 말했듯이 '그리스Greece'란 로마사람들이 라틴어로 지칭한 이름이고, 그리스 사람들 스스로는 자기네 나라 이름을 '헬라스Hellas', 그네들 자신을 가리켜서는 '헬레네스Hellenes'라고 칭하였다. 이 'Hellas', 그리고 'Hellenes'에서 파생한 영어형용사 '헬레니스틱Hellenistic'은 시대의 흐름과 함께 다양해진 문맥 속에서 다양한 뜻으로 사용되기 때문에 여기 약간의 문법적 설명을 곁들이는 것이 좋겠다. 우리말은 서양말과 달라 'Greece-Greek'라든가 'Hellas-Hellenistic'처럼 나라이름 고유명사에서 파생된 형용사형으로서의 독립단어가 따로 없기 때문에 형용사 'Hellenistic'은 문맥에 따라 필요한 우리말 명사를 보충하여 옮겨 주어야 자연스런 우리말이 된다.

우선 언어사학적 문맥에서 이야기할 때 '코이네Koine'와 'Hellenistic Greek'은 같은 내용을 말하는 두 가지 다른 표현이다. 수많은 도시국가들의 조합이었던 고대 그리스 시대의 언어를 가리켜 현대 영어권 학자들은 '고전그리스어(Classical Greek)'라고 칭한다. 이와 구별하여 알렉산더 대왕의 제국시대, 대략 기원전 330년에서 시작하여 그리스도교가 공인(313년)되고 난 서기 330년까지의 그리스어를 가리켜 '헬레니즘 시대의 그리스어(Hellenistic Greek)'라고 부르기 때문에 결과적으로 '헬레니즘 시대(Hellenistic Age)'의 공통어共通語 '코이네Koine'와 대동소이大同小異한 말인 셈이다.

이 헬레니즘 시대의 그리스어는 초대 그리스도 교회가 형성되던 1세기 후반에 이르러 신약성경을 기록한 언어로서 더욱 유명하다. 그러므로 '코이네'와 'Hellenistic Greek'에 이어 세 번째 명칭으로서 '신약성경의 그리스어(New Testament Greek)'라고도 한다. 한국 개신교에서는 '신약성경의 그리스어'를 일컬어 '헬라어'라고 하는데, 이는 'Hellenistic Greek'를 더욱 우리말답게 옮긴 명칭이라고 생각된다. 하기야 '코이네'

는 우리에게 너무 낯설게 들리고 '헬레니즘 시대의 그리스어'
는 너무 길어서 번거롭기 때문에 '헬라어'라고 하는 편이 나
을 것 같다. 그러나 '위키 백과(wikipedia)'를 포함하여 서양학
문의 백과사전에 사용되는 학술용어로서는 '코이네'가 단연
으뜸이다.

그런데 신약성경은 어떤 연유로 '코이네,' 즉 그리스어로
기록되었던 것일까? 이러한 질문은 그리스도교 신자가 아니
더라도 역사에 관심이 있는 사람이라면 누구나 한 번쯤 던져
봄직하다. 앞 장에서 얘기한 바와 같이, 구약성경의 언어 히
브리어는 히브리 백성이 나라를 잃고 바빌로니아에 노예로
끌려갔던 기원전 6세기부터 잊히기 시작하여 수백 년이 지난
'헬레니즘' 시대에 이르러서는 구약성경을 기록한 문자로서
존재를 이어갔을 뿐 일상생활에서는 사어死語가 되어 있었다.
마찬가지로 앞 장에서 언급한 바와 같이, 예수 그리스도와
사도들의 시대에 팔레스타인을 포함한 중동지방의 일상어는
아람어(Aramaic)였다. 이 시대, 그러니까 서력기원후 1세기는
지중해의 패권이 이미 로마제국으로 넘어갔던 만큼, 로마를
중심으로 지중해의 서쪽 지역은 이미 라틴어와 라틴문화가
자리를 잡아가고 있었다. 하지만 지중해 전역에 걸쳐서 식자
층 모두가 '공통으로' 사용하던 언어는 어디까지나 그리스어,

즉 '코이네'였던 것이다.

'코이네'는 그러니까 '모국어'나 '일상어'가 아니라 지식층에서 두루 사용되던 문어체 그리스어를 말한다. '헬레니즘 시대(Hellenistic Age)'의 지식층 인사들은 어디에서 태어났건, 따라서 모국어가 어느 지방의 어떤 방언이었건 간에 모두가 한결같이 그리스어, 즉 '코이네'로 교육받은 사람들이었다. 로마제국의 수도 로마에서조차 고대 말엽까지 그리스도교에 대하여 얘기할 때는 라틴어가 아니라 그리스어가 사용되었다. 신약성경 가운데 사도 바울로의 편지 모음 맨 앞에 등장하는 '로마서'는 사도 바오로가 당시 로마에 거주하는 신자들에게 보낸 글이지만 편지에 사용된 언어는 '신약성경의 그리스어', 즉 '코이네'이다.

이 '코이네'로 교육받은 유대인 학자들이 히브리어로 된 구약성경을 그리스어로 번역한 책이 그리스도교계敎界에 널리 알려진 '셉튜아진트Septuagint'이다. 이는 '70'이라는 숫자를 나타내는 라틴어 'Septuaginta'를 글자 그대로 옮긴 영어 명칭이다. 70인의 번역자들이 70일 동안 번역을 완성했다는 전설에 따라 로마숫자 'LXX(70)'으로 표기되기도 하며 우리말로도 '70인역人譯 성경'이라고 한다. 이 '70인역 성경'은 신약성경보다 훨씬 이전에, 대략 기원전 3세기부터 번역작업을 시작하여 기원전 1세기 후반에 완성된 것으로 추정되고 있다.

이처럼 히브리어로 된 구약성경이 이미 그리스어로 번역되어 있었던 기원후 1세기 후반에 이르러 신약성경이 직접 그리스어로 기록되기 시작하였다. '4복음서'의 저자들을 비롯하여 이방인들의 사도 바울로와 여타 편지글의 저자들 모두가 '코이네'로 교육받은 식자층이었음은 두말할 필요조차 없다. 그리스도교는 유대교를 모태로 하여 태어난 종교이지만 예루살렘 땅에서부터 사방으로 전파되기 시작했을 때 그리스도교의 경전이 기록된 언어는 이처럼 신구약을 통틀어 그리스어였다. 따라서 그리스도교 종교의식에 관련된 어휘와 용어는 거의 전부가 그리스어를 바탕으로 만들어지기 시작하였다.

우리나라에서는 영어가 외국어 중에서 가장 우세할 뿐 아니라 그리스도교 역시 미국 선교사들이 전해준 개신교가 가장 넓은 계층의 민중 속으로 전파되었기 때문에 그리스도교에 관계된 어휘나 용어 또한 대개가 영어식 철자와 발음을 통하여 우리말로 도입되었다. 따라서 우리는 '성경'을 영어식 발음에 따라 '바이블Bible'이라고 한다. 이 '바이블Bible'이라는 명칭은 그리스어 '타Ta 비블리아Biblia'에서 나온 말인데 이를 글자 그대로 영어로 옮기면 'The Books'가 된다. 영어나 그리스어는 우리말과 달리 단수와 복수의 구별이 뚜렷할 뿐 아니라 복수명사가 나타내는 의미 또한 단수명사와는 상당한 차이를 보인다. 그러므로 'Ta Biblia(The Books)'는 우리말로 '여러 가지 책으로 엮어진 문집文集' 정도의 뜻이 되겠다.

다음으로 구약성경을 구성하는 40권이 넘는 책들 가운데 몇 가지 제목만 훑어보자. '모세오경/Pentateuch', '신명기/Deuteronomy', '시편/Psalms', '전도서/Ecclesiastes', 이처럼 우리말로도 어려운 한자어로 되어 있고 영어로도 기다랗고 읽기 힘든 그리스어 유래의 어휘들로 가득하다. 한글 성경에 나오는 엄청난 숫자의 한자어는 모두 한글로만 표기되는 관계로 우리나라에서는 신자가 아닌 사람이라면 교육수준이 높다 하더라도 뜻을 짐작하기가 쉽지 않은 경우가 많다. 한편 미국에서는 신자, 비신자를 불문하고 교육수준이 별로 높지 못한 사람이라면 뜻은 고사하고 발음조차 제대로 못하는 경우가 허다하다. 그래서 '바이블'은 공부를 해야 알 수 있는 책이라고 생각되어 신, 구교를 막론하고 미국 교회 어디에서나 '바이블 스터디(Bible Study)' 모임이 활성화되어 있는 것 같다.

'코이네' 또는 '헬라어'로 불리는 고대후기의 그리스어는 히브리어 구약성경을 최초로 번역한 언어이자 신약성경을 직접 기록한 원어(Original Language)로서 이후부터 그리스도교에 관련된 어휘와 용어는 대부분이 '코이네' 그리스어를 바탕으로 만들어지게 되었다. '예수'라는 이름은 물론 히브리어에서 유래하지만 '그리스도'는 '거룩한 기름(성유聖油)을 부음받은 분'이란 뜻의 그리스어 '크리스토스Christos'에서 온 말이다. 우리나라에서 널리 통용되고 있는 '기독교基督敎'의 '기독基督'은 이를 한자로 음역한 것이다. 이처럼 지나간 시대의 냄새가 짙은 한자음역어를 한글 시대인 오늘날에도 변함없이 써야 할까 하는 회의적인 생각이 든다. 그래서 적어도 여기에서는 '그리스도', '그리스도교'라고 쓰기로 하였다. 한편, '카톨리코스katholikos'라는 그리스어는 '보편적(universal)'이란 뜻으로 '어디에서나 인정되는 보편적 진리, 어디에나 존재하는 보편적 교회'라는 의미를 띠게 되었다. 그러나 이는 시대와 역사의 흐름에 따라 이리저리 달라진 문맥 속으로 끌려다니며 사용되어 온 결과, 원래 의미와는 상당히 거리가 먼 종파적이고 정치적인 뉘앙스를 띠기도 한다.

3) 라틴어

서양문화의 뿌리가 고전 그리스어라면 줄기는 단연 라틴어라고 하겠다. 줄기라고는 했지만 보통 줄기가 아니라 서양문화라는 커다란 나무의 아름드리 몸통이라고 해야 적당한 비유일 것 같다. 고전 그리스어가 밖으로 드러나지 않는 땅속 뿌리에 비유되는 것은 오늘날 학자들이 그리스어를 인용

할 때면 그리스글자로 쓰지 않고 *koine, gymnasion, Biblia*, 등
등과 같이 로마자로 옮기되 살짝 기울어진 이탤릭체를 사용
하는 것이 일반화되어 있기 때문이다. 반면 라틴어는 영어
로 인하여 이미 우리에게 친숙한 글자인 로마자로 쓰였던 고
전어이다. 말과 글의 관계를 혼동하는 이들이 더러 있기 때
문에 한 번 더 일러두자면 라틴어는 고대 로마사람들이 일상
으로 말하고 쓰던 언어의 이름이고 로마자는 라틴어를 적었
던 글자의 이름이다. 고대 로마사람들이 만들어 썼다고 해서
로마글자, 줄여서 로마자라고 한다. 그러나 앞 장에서 얘기
한 바와 같이 로마자는 그리스글자에서 약간 변형된 것에 불
과하다. 나무의 줄기가 뿌리에서 솟아나듯 라틴어 어휘 또한
상당 부분이 고전 그리스어를 바탕으로 출발하였다.

　서력기원을 전후로 지중해를 제패하고 '로마의 평화(Pax
Romana)'를 이룩했던 로마제국, 제국의 수도 '영원한 도시
(The Eternal City)' 로마는 5세기 게르만 민족의 말발굽 아래
무너지고 말았다. 하지만 로마사람들의 언어 라틴어는 제국
의 뒤를 이어 교회 조직이라는 새로운 방법으로 '로마의 평
화'를 이룩하고자 했던 로마 가톨릭 교회의 언어로서 그로부
터 다시 천년이 넘도록 호황을 누렸다. 따라서 영어권 학자
들은 고대 로마제국 시대의 라틴어를 가리켜 '고전 라틴어

(Classical Latin)'라 하고 중세기 로마 가톨릭 교회 시대의 라틴어를 가리켜 '교회 라틴어(Ecclesiastical Latin)'라고 부른다.

　여기서 우리가 기억해야 할 역사적 사실에 대하여 잠깐 언급해야 하겠다. 313년 그리스도교를 공인한 로마 황제 콘스탄티누스(Constantinus)는 제국의 수도를 당시 그리스 땅 비잔티움(Byzantium)으로 옮기고, '콘스탄티누스의 도읍都邑'이라는 뜻으로 수도의 이름을 '콘스탄티노폴리스(Constanti-nopolis)'라고 칭하였다. 라틴어로 쓰였던 옛날 지명은 대부분 영어로 옮겨진 철자와 발음을 통하여 우리말로 도입되는 까닭에 우리는 영어식으로 '콘스탄티노플(Constantinople)'이라고 한다. 아무튼 이리하여 4세기에 로마제국이 동서로 나누어진 이후로 로마를 중심으로 한 서방지역은 라틴어 문화권으로, 콘스탄티노플을 중심으로 한 동방지역은 그리스어 문화권으로 각각 발달하게 되었다.

　한편, 5세기에 무너진 서西로마제국의 영토에서 라틴어가 일상어로 사용되었던 지역의 말들은 중세를 거쳐 근, 현대로 시대가 바뀜에 따라 오늘날의 프랑스어, 이탈리아어, 스페인어, 포르투갈어, 루마니아어로 정착되었다. 그러므로 이들 나라말을 적는 글자는 당연히 로마자일 뿐 아니라 이들 5개국 언어는 라틴어에서 파생한 어휘를 엄청난 숫자로 공유하고 있다. 그러므로 영미 학자들이 이들 언어를 한 갈래로 모아서 지칭할 경우에는 '로만스 어군語群(Romance languages)'이라고 한다.

여기에 쓰인 영어 'Romance'는 흔히들 미국식으로 '로맨스'라고 발음하는 '연애 이야기'라는 뜻의 낱말과 전혀 상관이 없다고는 할 수 없지만 적어도 언어와 관련된 문맥에서는 아주 거리가 멀다. 이는 인도유럽 언어를 갈래별로 나눌 때 쓰이는 용어로서 '로마사람들이 하는 말'이라는 뜻의 중세 프랑스어 'romanz'에서 비롯하였다. 중세기에 'romanz'를 어떻게 발음했는지 오늘날 우리로서는 알 길이 없으나 한글로 '로만스'라고 적으면 별 문제가 없을 것이다. 왜냐면 그때 그 시절의 발음을 그런대로 비슷하게 표기해 주고 있는 현대 영어 스펠링 'Romance'가 '로만스'를 뒷받침해 주고 있기 때문이다. 또한 스위스 산악지대 주민들이 사용하고 있으며 독일어, 프랑스어, 이탈리아어에 뒤이어 스위스의 네 번째 공용어로 알려진 '로망슈Romansh'어도 '로만스Romance'어와 같은 뜻이라는 것은 서로 간에 비슷한 발음을 통해서 쉽게 알 수 있다. 아무튼 영어로 '로만스 어군語群(Romance Languages)'이라고 하면 문어체 고전 라틴어가 아니라 로마사람들이 일상으로 주고받던 구어체 라틴어를 조상으로 하여 발달한 나라말, 즉 프랑스어, 이탈리아어, 스페인어, 포르투갈어, 루마니아어 등을 뜻한다.

미국의 웬만한 4년제 대학에는 '로만스어 학과 (Department of Romance Languages)'라고 적힌 간판이 실제 건물에서나 웹사이트에서나 드물지 않게 눈에 띈다. 이는 물론 프랑스어나 이탈리아어나 스페인어 등을 전공하려는 학생들이 문을 두드리는 곳이다. 그런데 캘리포니아의 2년제 초급대학에서 프랑스어를 배우겠다고 'French 1(기초 프랑스어)' 교실에 앉아 있는 학생들 가운데는 '로만스 랭귀지 Romance language'라고 해야 할 것을 '로맨틱 랭귀지 romantic language'라고 잘못 알고 있는 "어린" 학생들이 한둘이 아니다. 게다가 미국에서는 '로맨스romance'라는 말을 꺼내기가 무섭게 곧바로 '섹스sex'로 이어지기 때문에 '프렌치French'는 따라서 '섹시한 언어(sexy language)'라고들 하면서 어처구니없는 데로까지 얘기가 번지기도 한다.

유럽 여러 나라의 말들은 크게 세 갈래로 나눌 수 있다. 첫째는 방금 위에서 언급한 로만스 어군(Romance group)이고 둘째는 영어, 독일어, 스칸디나비아 언어들로 구성된 게르만 어군(Germanic group)이고 셋째는 러시아어를 포함한 동유럽 여러 나라말로 구성된 슬라브 어군(Slavic group)이다. 슬라브 계통 말이라고 모두 키릴문자를 쓰는 것은 아니다. 폴란드어, 체코어, 슬로바키아어, 크로아티아어는 로마자를 쓴다. 로마제국을 무너뜨린 굉장한 무력의 소유자 게르만 민족도 역시 글을 배워 문명인이 되자니 로마글자와 라틴어를 받아들이지 않을 수 없었다. 따라서 로마글자와 함께 그리스어와 라틴어에 기초를 둔 어휘와 학술용어가 게르만 계통의 언어에도 대거 자리를 잡게 되었다.

오늘날 국제어로서 단연 1등으로 꼽히는 영어도 바로 이 게르만 어군에 속한 말이다. 원래 게르만 언어의 한 방언이었던 '옛 영어(Old English)'는 1066년에 일어난 일대사건, 즉 '노르만디 공작公爵의 영국정복(The Norman Conquest)'으로 말미암아 프랑스어 어휘가 엄청난 양으로 들어와 섞이게 되었다. 그래서 현대 영어는 게르만(독일)어라는 밥에 프랑스어라는 나물을 얹어서 만든 비빔밥이라고 생각하면 틀리지 않는 비유가 된다. 영미 언어학자들 역시 현대 영어를 두고 게르만 계통의 상치와 토마토에 프랑스어라는 드레싱을 부어서 만든 샐러드에 비유하기도 한다. 그런데 프랑스어는 바로 위에서 언급한 바와 같이 로마 사람들의 일상어, 즉 구어체 라틴어에서 발달한 '로만스'어의 하나이기에 결과적으로 이 프랑스어를 통하여 라틴어 유래의 어휘가 어느 정도로 영어 속에 도입되었는지는 어렵지 않게 짐작할 수 있다. 현대 영어어휘 가운데 고전 그리스어와 라틴어가 차지하는 비율은 우리말에서 한자어가 차지하는 비율과 거의 비슷하다고 하겠다.

영국에서는 초등학교에서부터 프랑스어를 가르치는가 하면 'Grammar School'이라고 하는 중고등학교에서 옥스퍼드나 케임브리지로 진학하는 우수한 학생들은 대개 라틴어 성적도 우수하다. 식자층 영국인들은 프랑스어와 라틴어는 외국어가 아니라 영어의 한 부분이라고 생각하는 정도여서 자기네 나라말 영어를 제대로 알기 위하여 라틴어 공부를 한다고들 한다. 오래 전 일이긴 하지만 오스트리아 빈Wien대학에서 생물학으로 박사학위를 받은 한 지인知人의 학위기를 구경한 적이 있다. 오스트리아니까 독일어로 쓰여 있을 것이라고 생각했었는데 웬걸 전문全文이 라틴어였다. 독일 남부의 문화도시 뮌헨München에서는 인문계 이공계를 막론하고 대학생이라면 라틴어를 필수과목으로 이수해야 하는 한편, 라틴어를 배울 기회가 없었던 극동아시아계 유학생일 경우에는 라틴어 대신에 고전중국어, 곧 한학漢學으로 대체하여 학점을 딸수 있다고 한다.

독립국가로서는 역사가 짧은 나라 미국, 글로벌 대중문화의 절대 강자로 군림한다는 미국에서는 라틴어 같은 고전어 교육이 이미 사양길에 접어들었을 것이라고 생각한다면 그것도 큰 오산이다. 할리우드Hollywood나 라스베가스Las Vegas 같은 데만 관광한 사람이 미국이라는 큰 나라에 대하여 장님이 코끼리 더듬는 식으로 말하는 소리일 뿐이다. 우선 일상생활에서 가장 흔하게 대하는 돈, 1달러짜리 지폐 뒷면에 라틴어 구절이 셋씩이나 박혀 있다. 온라인 백과사전을 검색하면 금방 확인할 수 있는데, 세 구절 모두가 고대古代 로마의 위대한 시인 베르길리우스Vergilius의 작품에서 유래한 것이다. 그 중에서도 특히 '다수多數에서 하나를'이라는 뜻인 'e pluribus unum(에 플루리부스 우눔)'은 수많은 나라에서 온 각양각색의 사람들이 모여서 이루는 하나의 국가 '미합중국美合衆國(the United States of America)'이라는 나라이름을 글자 그대로 나타내 주고 있다.

미국에는 고전어 교육에 치중하는 중등교육 기관도 드물지 않다. 'Boston Latin School'은 1635년에 설립된 학교로서 미국 최고最古의 중등교육기관일 뿐 아니라, 2007년도 통계에 의하면 미국 전체에서 최고最高 상위권 20개 고등학교(top 20 high schools)의 하나로 이름을 날리며 오늘도 계속 건재健在하고 있다. 이처럼 명문 엘리트 계열에 속하는 학교들이 라틴어교육에 힘을 쏟고 있다는 사실은 그다지 놀라운 일이 아니다. 하지만, 도회지 저소득층 지역 공립 중고등학교의 라틴어 선생들이 'Educator'라는 미국 교원노조 계간지季刊誌에 게재하여 들려주는 이런저런 경험담은 우리네 교육계에서도 귀담아 들어야 할 내용이 적지 않다. 그 가운데서 특히 2012년

여름호(vol.36)에 실린 글, 즉 라틴어 및 고전문학 교육이 청
소년들의 인성人性 계발에 얼마나 큰 영향을 끼치는가에 대
하여, 올바른 자아인식에서부터 성공적인 사회인으로 성장하
는 과정에 있어서 라틴어 교육이 얼마나 효과적인 촉진제 역
할을 하는가에 대해 쓴 한 라틴어선생의 글은 가슴이 뭉클할

미국 프린스턴Princeton 대학 학위기

미국 동북부 '아이비리그Ivy League' 가운데 하나인 프린스턴 대학의 학위기
(Diploma)가 보다시피 라틴어로 되어 있다. 박사학위도 아니고 인문계열 학위기도
아니지만, 서양학문의 세계에서는 라틴어가 학술어로서 지금껏 살아 숨쉬는 언어라는
사실을 한 눈으로 확인할 수 있는 증거라고나 할까. 아무튼 미국 유수의 대학 가운데
이렇게 라틴어로 학위기를 발부하는 학교가 프린스턴 하나 뿐일 것 같지는 않다.
출처: 2003년 6월, 프린스턴 대학에서 경영공학 학사학위를 받고 졸업한 박정진 씨
　　의 학위기

정도로 감동적이었다.

고전그리스어와 라틴어는 오늘날 고전문헌으로서만 존재하기 때문에 '고전어(classical languages)'라고 불린다. 또한 일상생활에서는 쓰이지 않기 때문에 '죽은 말', 즉 '사어死語'라고도 한다. 하지만 이 두 고전어는 서양의 학문과 예술을 총괄하는 '학술어'로서 오늘도 여전히 살아 숨쉬고 있다. 예를 들어 미국과 유럽의 이름있는 대학 가운데 '고전학(classics)'이라고 불리는 분야가 개설되어 있지 않은 곳이 거의 없으며 세계적인 권위로 거론되는 고전문헌학 총서들도 활기차게 발간되고 있다. 그 가운데 대표적인 것만 소개하면 다음과 같다.

영어권에서는 첫째로 'OCT(Oxford Classical Texts)'를 꼽을 수 있다. 이는 영국 옥스퍼드 대학 출판사에서 간행된 그리스, 라틴 고전문헌총서이다. 그리스어 고전은 엷은 청색으로, 라틴어 고전은 엷은 녹색으로 표지가 구분되어 있다. 고전문헌학자들의 엄밀한 원전연구와 고증을 거친 원문(original text)만이 영어 번역문 없이 수록되어 있으므로, 영어를 모르는 프랑스의 고전어학자들도 애용하는 시리즈이다. 다음으로는 미국 하버드 대학 출판사에서 간행되는 'Loeb Classical Library(로우엡 고전문헌 총서)'를 들 수 있겠다. 이는 '2개 국어 대역판본對譯板本(bilingual edition)'으로서 그리스어 혹은 라틴어 원문과 영문 번역을 함께 수록하고 있다.

프랑스 학자들이 이룩해 놓은 고전작품 시리즈 'Collection Budé(뷔데총서)'도 원문과 프랑스어 번역이 함께 실린 2개 국어 대역판본으로서 그리스어 작품은 엷은 노란색, 라틴어 작품은 분홍색으로 구분되어 있다. 독일 고전학자들이 이룩한 '토이브너Teubner 총서'는 OCT처럼 원문만으로 되어 있을 뿐 아니라 총서의 명칭도 직접 라틴어를 써서 'Bibliotheca Teubneriana(비블리오테카 토이브네리아나)'라고 하며, 유럽 고전문학계를 통틀어 최고最高의 권위서로 꼽히고 있다. 이 밖에 그리스도교에 관련된 고전작품도 다량의 문헌이 여러 갈래의 시리즈로 엮어져 있지만 여기에서 언급할 계제는 아니라고 생각한다. 아무튼 오늘날 그리스, 라틴어 고전작품은 이미 상당량이 CD-ROM으로 제작되었고 지금도 계속해서 제작, 판매되고 있다.

이제 마지막으로 고전학 분야가 아닌 예술분야에서 사용되는 라틴어의 위력을 잠시 살펴보자. 첫째, 스위스 바젤Basel에 있는 음악학교 'Schola Cantorum Basiliensis(스콜라 칸토룸 바실리엔시스)'는 중세 및 르네상스 시대의 음악을 가르치는 세계적 명성의 고전음악 아카데미이다. '옛 음악(early music)'분야, 특히 성악분야에서 차지하는 라틴어의 중요성은 굳이 여기에서 두말할 필요가 없는 일이다. 바젤 자체는 독일어권에 속한 지역인 데다가 스위스는 독일어, 프랑스어, 이탈리아어, 로망슈어, 이렇게 4개 국어가 공용어로 사용되는 나라이지만 '바젤음악학교'라는 명칭으로는 일상생활어가 아닌 학술어, 즉 라틴어를 사용하고 있다. 둘째, 'Artibus Asiae(아르티부스 아시아애)'는 한국을 포함한 아시아 전소 지역의 미술, 고고학에 관한 학술논문이나 서평을 출판하는 학술지이다. 편집위원은 미국, 유럽, 인도, 일본, 등지의 교수들로 구성되어 있으며 이 또한 스위스의 쮜리히Zürich에 있는 미술박물관이 출판을 관장하고 있다. 라틴어 명칭 'Artibus Asiae'를 우리말로 옮긴다면 '아시아의 예술을 위하여', 혹은 '아시아의 예술에 관하여'라고도 할 수 있다. 제목이 시사해 주는 바와 같이 이 학술지의 기본언어는 아시아 언어가 아닌 영어이지만 내용은 전부 '아시아의 예술'에 관한 것이다.

끝으로 'Monumenta Nipponica(모누멘타 니포니카)'에 대하여 한 마디 언급하고자 한다. 이는 일본의 사회, 문화, 역사, 종교, 문학, 예술 등등, 말하자면 '일본학(Japanese Studies)' 분야의 연구논문을 출판하는 학술지인데 기본언어는 역시 영어다. 인터넷 덕분에 이젠 무엇이든 컴퓨터 화면을 통하여 알 수 있는 세상이니만큼 이 학술지에 대해서도 여기에 더 이상 소개말을 늘어놓을 필요는 없다. 다만 1938년에 창간되어 지금까지 계속 출판되고 있다는 것, 일본문학과 일본문화를 세계로 알리는 영어 학술지의 명칭이 라틴어로 되어 있다는 것, 우리는 이 점을 눈 여겨 볼 필요가 있다. 일본은 'G7'에 속한 나라이니까 선진국이라고들 한다. 그러나 서양 학술 세계에서의 국제어는 라틴어임을 일찍이 터득한 나라 일본은 선진국에서 한 발 더 나아간 문화선진국으로 불리기에 모자람이 없는 것 같다.

4) '링구아 프랑카 Lingua Franca'

우리의 이야기 마당을 라틴어에서 '링구아 프랑카'로 옮겨왔다는 것은 학문과 예술의 세계에서 상업과 무역의 세계로 옮겨왔다는 뜻이 된다. '링구아 프랑카'는 나라말이 서로 다른 사람들 사이에서 의사소통을 위하여 주고받는 구어체 위주의 국제어라고 할 수 있다. 따라서 우리말로는 공용어共用語라고 하면 좋겠는데 한자를 병기하지 않으면 공용어公用語(official language)와의 혼돈을 피할 수 없기 때문에, 공통어共通語라고 옮기든지 아니면 외래어 그대로 쓰는 편이 나을 것 같다.

'링구아 프랑카'라는 용어 자체는 십자군 전쟁 때, 그러니까 12세기에 즈음하여 생긴 말이다. 당시 이슬람교도들의 손에 들어가 있던 성지聖地 예루살렘을 그리스도교도들의 땅으로 되찾겠다는 명목 아래 몰려 왔던 유럽 여러 나라의 투사들은 대개가 '프랑크Franks'인들이었다. 프랑크족族은 게르만 계통에 속한 한 갈래 민족으로서 오늘날의 프랑스 북반부北半部, 독일 서남부, 이탈리아 북부 사람들이 주류를 이루었다. 프랑스는 '프랑크'라는 민족이름이 그대로 나라이름이 된 것이고, 독일 서남부에 있는 대도시 '프랑크푸르트Frankfurt 암 am 마인Main'은 '프랑크민족이 마인Main강 여울목Furt 둘레에 세운 도읍都邑'이란 뜻에서 비롯한 이름이다. 아무튼 '링구아 프랑카'는 십자군 시대에 그리스어 문화권이었던 지중해 동방 사람들의 귀에 선 외국어, 말하자면 서방에서 몰려온 '프랑크사람들끼리 지껄이는 말'이라는 뜻에서 비롯하였다.

'링구아 프랑카'라는 표현은 라틴어처럼 들리지만 실은 이탈리아 말로서 영어사전에 들어와 앉게 되었다. 물론 이탈리아어는 앞에서 얘기했던 '로만스'어군語群 가운데 라틴어와 가장 가까운 언어이기도 하다. 이탈리아라는 나라는 19세기 후반에 와서야 겨우 통일국가를 이루었을 뿐, 5세기 로마의 멸망 후 천여 년 세월이 넘도록 교황을 비롯한 수많은 군주들과 도시국가들의 영토로 이리저리 쪼개져 있었다. 그 가운데서 베네치아Venezia, 우리에게 영어식 표기 베니스Venice로 더 잘 알려진 이 도시는 중세 말기와 르네상스 시대에 걸쳐 지중해 동방과 서방을 오가는 해상무역의 중심지였다. '베니스의 상인'들은 이미 십자군 시절부터 돈벌이에 머리가 밝은 사람들이었는데 르네상스 시대에 와서는 현대 자본주의 경제 및 경영의 조상이라고 불릴 만큼 요즘말로 하자면 '비즈니스 맨'들이었다. 당시 해상무역을 장악하고 있던 이들 이탈리아 인과 상거래를 트기 위해서는 말이 통하지 않고서는 불가능 한 일이었다. 따라서 애초에 '링구아 프랑카'는 80% 정도의 이탈리아 말에다가 같은 '로만스'어군의 프랑스어, 스페인어, 포르투갈어 외에도 그리스어, 아랍어, 터키어가 두루 섞인 혼 합어를 의미하였다. 상거래를 위한 의사소통이 목적이었던 관계로 문법과는 별 상관이 없었던 것은 물론이요 어휘영역 도 주로 상업분야에 국한된 장사꾼들의 국제공통어였다.

현재 세계에서 사용되고 있는 '링구아 프랑카'는 지역에 따 라 다양하다. 예를 들면 아프리카 동쪽 해안 가까이 위치한 나라들, 케냐, 탄자니아, 우간다를 포함하여 14개국 간의 공 통어로 사용되는 '스와힐리Swahili'어가 그네들의 '링구아 프 랑카'이다. 또한 한국인, 중국인, 일본인 사이에서 말은 물론 통하지 않지만 종이쪽지에다 한자를 씀으로써 간단한 용건 정도는 소통이 되는 경우도 '링구아 프랑카'의 한 예라고 할 수 있다.

오늘날 지구촌의 '링구아 프랑카'는 단연 영어다. 이는 영 어 원어민이 아닌 사람들 사이에서 제2의 언어, 혹은 제3의 언어로 사용되는 영어를 말한다. 우리나라를 포함하여 영어를 모국어로 하지 않는 나라는 물론 헤아릴 수 없이 많다. 그 많고 많은 나라에서 쓰이는 영어는 자연히 영어의 종주국인 영국의 영어와는 상당히 다른 양상으로 발전해 나갈 뿐 아니라 각 나라마다 독특한 그 나라 식 영어도 덩달아 생겨나고 있다. 그리하여 한국어식 영어 'Konglish'니 일본어식 영어 'Japanish'니 중국어식 영어 'Chinglish'니 프랑스어식 영어 'Franglais'니 하는 말이 생길 정도이다. 약칭 'FT'로 널리 알려진 영국 일간지 'Financial Times'에서 90년대에 이와 관련된 내용을 기사로 실은 적이 있었다. 이미 90년대에 굉장한 위세로 지구촌의 국제어가 된 영어는 그러나 이 나라 저 나라에서 저마다 자기네 식으로 "알아서" 쓰는 통에 영어가 날이 갈수록 변질되고 있다는 염려와 한탄이 섞인 기사였다. 그런데 재미있는 것은 그 기사의 제목이었다. 영국의 일간지에 "Do you speak Lingua Franca?"라고 하지 않고 "Parlez-vous Lingua Franca?"라고 프랑스어를 사용한 것이었다. 국제간 제2, 제3의 언어로서의 영어를 일컬어 '링구아 프랑카'라고 한 점, 또한 그런 식으로 어설픈 영어를 하는 사람들의 귀에 '링구아 프랑카'는 얼핏 '프랑스 말'로 들릴 수도 있다는 점을 넌지시 암시하는, 말하자면 2중의 뉘앙스로 맛을 낸 영국인 특유의 유머를 느끼게 한 글이었다.

이처럼 지구촌 곳곳에서 쓰이고 있는 '링구아 프랑카'로서의 영어를 두고 최근에는 '글로비쉬Globish'라는 새로운 말이 생겼다. 이는 물론 '지구촌의 영어'라는 뜻의 'Global English'를 한 단어로 압축한 말인데, 영국의 기자출신 작가 로버트 믁크럼Robert McCrum이 쓴 동명同名의 책 제목에서 비롯하였다. 이 '글로비쉬'에 관해서는 영어에 대하여 본격적으로 얘기할 다음 장章으로 미루고 여기서는 '링구아 프랑카'로서 영어의 사용영역에 대하여 간단히 언급하는 것으로 단락을 마칠까 한다.

르네상스 시대 지중해의 상인들끼리 주고받던 국제공통어, '링구아 프랑카'의 원조元祖가 상거래를 목표로 생겨났던 것과 마찬가지로, 오늘날 지구촌의 '링구아 프랑카'인 영어를 배우는 수많은 사람들도 국제간의 통상通商을 제1의 목표로 삼고 있다. 그러므로 무엇보다도 비즈니스business 분야에서, 다음으로는 우리 한국이 세계에서 으뜸이라고 하는 'IT'분야를 포함한 기술 분야에서, 그리고 스포츠에서 가장 많이 쓰이고 있다.

3. 영어와 로마자

1) 영문 모를 영문英文

앞 장에서 살펴본 바와 같이 영어(English)를 적는 글자는 로마글자(Roman Script)이다. '로마글자'보다는 줄인 말 '로마자字'가 더 보편화되어 있기에 앞으로는 로마자라고 하자. 그런데 어찌된 영문인지 이 로마자를 로마자라고 하지 않고 영문英文이라고 하는 사람들이 우리나라에는 너무 많다. 오래전 이야기로 들리겠지만 인천공항이 아니라 김포공항에서 먼 외국 나들이를 하던 시절, 출/입국신고서에는 한글, 한자, 영문, 이 세 가지 글자로 이름을 써 넣으라는 지시와 함께 성명 난이 세 칸으로 되어 있었다. 그 시절 나는 영국이나 미국이 아니라 프랑스로 떠나는 사람이었는데 이름은 '영문', 즉 '영어로 된 글'로 기입하라는 소리 같았다. 공항이 아닌 다른 관공서나 은행에서도 매한가지였다. 지금은 또 인터넷 때문인지 신분기재서류에 성명의 한자표기는 없어져버렸을 망정 '영문'표기는 오히려 더 필수적인 항목이 되어버렸다.

내가 한국에 살던 90년대까지만 해도 컴퓨터로 프랑스어를 쓰려면 'hwp 흔글' 프로그램에서 일단 '영문'이라고 된 메뉴를 선택한 다음, 화면에 뜨는 열댓 개쯤 되는 리스트 중에서 '영문-프랑스'를 택해야했다. 그 리스트는 영문-독일, 영문-스페인, 영문-포르투갈, 영문-폴란드, 등등으로 이어지고 있었다. 20년 세월이 흐른 지금은 어떤가? 'hwp'의 가장 최신 버전(version)이라는 '흔글2007'의 '문자표 입력' 기능으로 들어가서 '사용자 문자표'를 보면 이번에는 '영문'이란 말 대신 '영어'라고 해 놓고 화면 오른편에 보여주는 내용은 역시 로마자이다. 그러니까 '영어'를 쓸 때 사용되는 '문자 일람표'라는 뜻으로 해석하면 틀린 말은 아닌 것 같다.

지금은 때가 21세기라서 그런지 외국어의 의미도 영어 일변도에서 장족의 발전을 한 것인지 '흔글2007'의 '문자표' 입력기능은 전과 비교할 수 없을 정도로 다양한 글자들을 제시해주고 있다. 그래서 혹시나 하고 '흔글(HNC)문자표' 탭을 클릭하면 역시나 '영문 및 라틴어'라는 제목이 왼편에 뜨고 오른편에 보여주는 내용인즉슨, 로마자 26개 대문자 소문자에다가 프랑스어, 독일어, 스칸디나비아 3국어, 폴란드어, 체코어, 항가리어, 등등에서 쓰는 갖가지 부호가 부착된 갖가지 모양을 한 로마 글자들이다. 세계에서 가장 널리 쓰이는 글자이기에 사용국가에 따라 모양이 조금씩 다르긴 해도 여전히 로마자는 로마자다. 로마자를 두고 '영문 및 라틴어'라고 하는 것을 보면 '흔글 문자표'를 만든 두뇌 기술자들이 글자와 말의 관계를 혼동하고 있다는 느낌이 든다. 왜냐면 로마자는 글자의 이름인 반면에 라틴어는 앞 장에서 얘기했던 바와 같이 고대 로마사람들이 주고받던 언어의 명칭이기 때문이다. 일본에서는 중등교육만 받은 여염집 아낙네라도 무엇이 '영문英文'이고 무엇이 '로마지romaji'('로마字'의 일본식 발음)인지 구별할 줄 안다. 우리나라에서는 한심하게도 대학교육까지 받았다는 사람들마저 하나같이 로마자를 두고 영문, 아니면 영어라고 하는 지경이다.

관공서의 공무원들은 물론이요 컴퓨터 소프트웨어를 만드는 '첨단 기술자'들부터 A에서 시작하여 Z로 끝나는 꼬부랑 글자 26개를 두고 모두들 영문이라 하니 국민 대다수가 '외국어' 하면 덮어 놓고 영어, 영어, 하는 사태도 어찌 보면 무리가 아닌지도 모르겠다. 영어, 영어, 하면서 외쳐대는 영어교육 강화는 언제 부터인지 정치하는 사람들이 선거공약의 하나로 빠짐없이 내세우는 필수항목이 되었다. 영어교육은 물론 중요하다. 한데 로마자를 두고 영문이라고 하는 것은 그 중요한 영어교육이 첫 단추부터 잘못 채워진 꼴이 아니고 무엇이랴. 그러므로 한 번 더 짚고 나가는 의미에서 영어는 말이고, 영어를 적는 글자의 명칭은 로마자임을 분명히

해 두고 다음 사항으로 넘어가야 하겠다.

2) 한글 이름의 로마자 변환

경제성장과 더불어 해외 여행객이 엄청나게 불어난 지금 '해외海外'라는 말의 의미 또한 미국 일변도에서 벗어나 갈수록 다양해지고 있다. 이민을 가든 유학을 가든 여행을 가든 누구나 해외로 나가기 위해서는 여권을 신청해야 한다. 여권을 신청하려면 우선 이름자부터 로마자로 바꾸어야 하는데, 이 당면문제에 있어서는 아직 영어 일변도에 머무르고 있는 분들이 많은 것 같다.

문화체육관광부가 2000년도에 제정 반포한 바 있는 '국어의 로마자 표기법'이 나오기 전까지는 미국인 두 사람이 만든 'McCune-Reischauer식 로마자 표기법'과 예일Yale 대학에서 만든 'Yale Romanization(예일 로마자 표기법)'이 있었다. 그러나 이 세 가지 표기법 중 어느 하나도 우리말이라는 땅에 뿌리를 내리지 못하고 있다. 정부 측에서는 문화체육관광부 제정 '국어의 로마자 표기법'에 의무적으로 따를 것을 강력하게 권장하고 있는 듯하다. 그러나 말과 글에 관한 문제는 위에서 이래라 저래라 한다고 그대로 되는 일이 아니라는 것을 우리는 한글 이름의 로마자 변환문제를 두고 다시 한 번 생각하게 된다. 지금 여기서 '국어의 로마자 표기법'의 문제점을 들추어 비판하기에는 이야기가 너무 복잡하고 또 지루해질 뿐이다. 그러므로 여기서는 유학이나 이민으로 먼 길을 떠나는 한국 분들이 타국생활에서 매일같이 부딪치게 되는 이름 문제에 관하여 실생활의 편의를 도모하는 뜻에서 몇 가지 조언을 하고자 한다.

성명과 관련된 우리네 관습은 하나에서 열까지 서양과 180도로 다른 것 같다. 우리나라 사람들의 성씨는 모두 258개에 그치는 반면, 서양 사람들의 성姓(family name)은 우리와 비교할 수 없을 정도로 많다. 정확한 숫자는 모르겠으나 수만 개 이상일 것이다. 게다가 258개 밖에 안 되는 우리네 성씨 중에서 29%가 김씨, 16%가 이씨, 10%가 박씨라고 한다. 그러므로 우리는 성 하나 만으로는 사람을 구별할 수 없기에 이름을 쓸 때는 반드시 성명 석 자, 혹은 두 자를 다 함께 쓴다. 반면에 서양은 성씨가 워낙 다양하기에 전화번호부나 인명사전에서 성 하나 만으로도 쉽게 사람을 찾을 수 있으며 동명이인同名異人이 있다고 해도 우리와 비교하면 아주 극소수에 그칠 뿐이다.

성姓의 경우와는 또 정반대로 명名에 있어서 서양 이름은 우리네처럼 다양하지 않다. 우리네는 아기가 태어나면 이름을 어떻게 '짓느냐'고 묻는 반면에 저들은 아기에게 무슨 이름을 '주느냐'고 묻는다. 그래서 우리말로 이름 두자 혹은 한 자, 즉 명名에 해당하는 공식영어는 'given name'이다. 우리네 는 이름을 짓느라 옥편을 뒤지거나 작명소에 의뢰하기도 하 지만, 저들은 대개 성경이나 그리스/로마 신화에 나오는 인 물의 이름, 부모친척 중 한 분의 이름을 골라서 아기에게 주 는(give) 것이다. 결과적으로 서양에는 우리네 김 씨나 이 씨 처럼 흔한 성姓은 없지만 김 씨만큼이나 되는 수많은 사람들 이 아주 흔한 이름들-John, Peter, Mary, Margaret, Anne 등 등-을 공유하고 있다.

미국에서는 때와 장소를 가리지 않고 언제 어디서나 사람 을 이름(first name)으로 부른다. 영어회화 클래스에서 제일 먼저 배우는 문장이 "What's your name?"인가 하면, 커피숍 에서 커피 한 잔을 시켜도 이름을 대야 하는 경우가 많다. 전 화로 얘기할 때나 얼굴을 맞대고 얘기할 때나 상대방을 설득 시키려고 조금 힘주어 하는 말 다음에는 으레 상대방 이름을 부르면서 대화를 이어나간다. 상점에서 물건을 사고 지불을 카드로 하면 새파랗게 젊은 회계원이 나이 지긋한 손님의 카 드에 적힌 이름을 함부로 턱턱 불러댈 정도로 미국은 '자유 와 평등'의 나라다. 이에 비하여 우리는 손아래 가족이나 어 릴 적 친구가 아니면 아무도 감히 이름을 부르는 법이 없지 않는가 말이다. 절친한 친구 사이라 해도 이름 두 자만 부르는 것이 아니라 누구누구 '야'라든가 '아'라는 호격조사를 붙여서 부른다. 우리는 이름을 대야 할 경우가 서양에 비해 월등히 적지만 이름을 댈 경우에는 반드시 석 자를 다 함께 쓰고 말한다. 그래서 우리는 흔히들 이름 석 자라고 하는 반면에 서양 이름은 몇 자인지 셀 필요도 없고 셀 이유도 없는가 하면 이름 따로 성 따로 노는 경우가 허다하다.

우리네 이름은 석 자 뿐이라 하지만 한글은 한 자 한 자 '모아쓰기'를 한 덩이글자인 반면에 서양 이름은 옆으로 '풀어쓰기'를 한 로마자의 가로행렬이다. 상하좌우로 모아쓴 한글 이름 석 자를 가로로만 풀어쓴 로마자로 옮기는 일은 생각보다 단순하지 않다. 영어권 나라, 특히 미국으로 가는 한국인 대부분이 한글 이름 석 자를 로마자 세 단어로 옮기고 있다. 가령 김기환이라는 분이 Ki Hwan Kim이라고 옮겼다 하자. 그러면 이 세 단어는 자동적으로 first name, middle name, last name이 되어버린다. 한데 'middle name'이란 영어권 나라에만 있는 독특한 성명관습일 뿐 우리에겐 전혀 해당사항이 없는 것이다. 게다가 미국에서는 'Ki'라고 적힌 이름을 보면 백이면 백사람이 다 '카이'라고 읽는다. '기환'은 고사하고 '기'자 한 자조차 엉뚱한 발음이 되어버린다. 더욱이 김기환 씨의 항렬이 '터 기基'자라면 형, 동생, 사촌, 팔촌 할 것 없이 우르르 모두 로마자로는 같은 이름 'Ki'에 같은 성

'Kim'을 가진 동명이인이 되어버린다.

우리네 이름(名) 두 자를 로마자로 옮겨 적는 문제에 있어서는 개화기 중국의 위대한 학자 임어당林語堂 박사의 조언에 따르는 것이 최선의 방법인 것 같다. 즉, 한국인이나 중국인의 이름 두 자는 로마자 낱자로 몇 개가 되든 상관없이 한 단어로 붙여 쓰라는 것이다. 따라서 '林語堂'은 중국식 발음에 따라 'Lin Yutang'으로 변환되었다. 미국으로 떠나는 우리네 여행객들도 마찬가지로 우리와 상관없는 'middle name' 칸은 싹 무시해버리고 이름 두 자는 로마자로 한 단어가 되도록 붙여 쓰기를 권하고 싶다. 그렇게 하면 이미 수많은 동명이인의 숫자가 기하급수적으로 불어나는 사태는 일어나지 않을 것이다.

영어권 나라로 이민 가는 분들은 영어 이름 하나를 'first name'으로 정하고 한국 이름은 로마자 한 단어로 붙여 써서 'middle name'으로 하는 것이 바람직하다. 이민이 아니라 유학생이나 주재원의 경우에는 이름 두 자를 역시 로마자 한 단어로 붙여 써서 'first name'으로 한 다음, 이와 비슷하게 발음되는 영어 이름을 'middle name'으로 정하여 학교 수업시간 또는 회사에서 동료나 친구들끼리 서로 부르는 이름으로 하는 것이 좋겠다. 다시 김기환 씨를 예로 들 경우, Keewhan(Keiwhan) Keith(Kenneth/Kevin) Kim 대강 이런 식으로 옮겨 쓰면 생활하기에 그다지 불편하지는 않으리라고 본다.

글자 하나로 모아쓴 우리네 성姓을 로마자로 풀어써야 할 경우에도 역시 한 단어로 적을 수밖에 없다. 그런데, 정부에서 정해 놓은 '국어의 로마자 표기법'에 따르지 않는다고 해서 벌금을 문다거나 쇠고랑을 차는 일은 천하에 절대로 일어나지 않을 것이다. 그렇다면 한 자밖에 안 되는 한글 성을 로마자로 옮길 때는 좀 더 다양화하는 편이 낫지 않을까 싶다. 김 씨는 어차피 'Kim'으로 굳어졌다 하더라도 이李 씨는 Lee, Leigh, Rhee, Reigh, Yi, Yieh, 이렇게 여러 가지 철자가 가능하다. 방 씨라면 모음 다음 자리에서 앞 모음을 길게 발음해주는 'H'자를 첨가하여 Bahng또는 Pahng으로 옮기는 것이 낫다. 그냥 Bang, Pang이라고 적으면 미국에서는 '뱅', '팽'하고 읽기가 십상인데다가 그런 낱말의 의미 또한 둘 다 사전을 찾아보면 알 일이지만 도무지 좋은 말이 아니다.

'H'자가 소리를 내지 않기 때문에 모음으로 취급되는 프랑스어, 이탈리아어 및 스페인어 사용지역으로 떠나는 하씨, 허씨, 호씨, 한 씨의 경우, 첫 음 'ㅎ'소리가 제대로 전달되기를 원한다면 Khah, Kheoh/Kheuh, Khoh, Khahn, 이렇게 'K'자를 맨 앞에다 덧붙여 주는 편이 낫지 않을까 싶다. 아랍어나 러시아어에서 우리의 'ㅎ'보다 입김이 조금 세긴 하지만 비슷하게 들리는 자음소리도 로마자로 옮길 때는 'kh'를 쓴다. 우리말 원음과 똑같은 소리는 어차피 못 내는 사람들 땅에서 사는 동안 같은 값이면 글자 수를 하나라도 더 늘려서 만든 로마자표기가 '아(Ha)', '오(Ho)', '안(Han)' 같이 엉뚱하게 발음하기 십상인 짧은 표기보다는 낫다고 생각한다.

성씨가 정씨인 경우 'Jung'이라고 옮기는 분들이 많다. 미국을 포함한 영어권에서는 그런대로 통할 수 있지만, 독일 및 동유럽은 물론이요 'J'자를 'ㅈ'과 비슷하게 발음하는 프랑스에서조차 'Jung'이라고 쓰면 '융'이라고 읽기 일쑤다. 유명한 스위스의 정신분석학자 칼 구스타브 융(C. G. Jung)을 모르는 사람들도 'Jung'이라고 적힌 로마자 네 글자를 보면 으레 '융'이라고 읽는다. 또한 스페인어 사용지역에서는 '훙'이라고 읽게 마련이다. 소프라노 조수미 씨는 'Sumi Jo'로 변환되었기에 음악의 도시 잘츠부르크Salzburg나 빈Wien을 비롯한 독일어권 사람들은 으레 '요'라고 읽는다. 정 씨뿐 아니라 'ㅈ'자로 시작하는 조 씨, 제 씨, 주 씨, 지 씨, 진 씨 집안사람들이 유럽에 장기체류할 경우에는 다음과 같은 'J'자의 역사에 잠간 귀를 기울일 필요가 있다.

로마자 알파벳에서 열 번째 글자인 'J'자는 고전라틴어에는 없었던 글자다. 'J'자는 'I'자에서 파생된 글자다. 애초에 그리스글자 '이오타(I)'에서 유래한 로마자 'I'는 두 가지 다른 소리를 적는 데 사용되었다. 첫째는 모음으로서의 [i]소리, 둘째는 자음으로서의 [j]소리이다. 모음 [i]소리는 우리말로 입 안에 있는 '이'와 비슷한 소리이다. 반면에 자음 [j]소리는 한글로는 적을 길이 없는데 얼추 비슷한 소리를 찾아본다면 '야훼'라든가 '요한' 같은 이름을 발음할 때 아주 맨 처음에 내비치는 들릴까 말까 하는 소리와 거의 비슷하다. 자음 [j]는 혼자 독자적으로 나는 소리라기보다는 다음에 오는 단모음 '아, 어, 오, 우'와 합쳐져서 '야, 여, 요, 유'가 되도록 이중모음(diphthong)으로 바꾸어주는 구실을 하기 때문에 음성학 용어로는 '반#모음' 혹은 '반자음'이라고도 한다. 아무튼 고전 라틴어에서는 모음 [i]소리든 자음 [j]소리든 글자는 'I'자 한 자로만 표기하였다. 그러다가 자음소리를 모음소리와 구별하기 위하여 'J'자를 만들어 쓰기 시작한 것은 긴 긴 세월이 흐른 중세 말엽이나 르네상스 시대의 일이었다.

그리스알파벳, 그리고 그리스알파벳을 바탕으로 만들어진 키릴문자에는 당연히 'J'자가 없다. 로마자를 쓰는 유럽 여러 나라 말 중에서 'J'자를 우리의 'ㅈ'소리와 비슷하게 발음하는 나라말은 영어와 프랑스어, 포르투갈어뿐이다. 독일어에서는 글자의 이름도 '요트(J)'일 뿐 아니라 소리도 고전라틴어 자음의 소리를 그대로 유지하고 있다. 스페인어에서는 우리의 'ㅎ'에 가까운 [ɦ]소리이다. 예를 들어 잘 알려진 이름 '요한'의 경우를 언어별로 한 번 살펴보자. 그리스어―Iohannes(요하네스), 라틴어-Joannes(요아네스), 영어-John(존), 프랑스어-Jean(쟝), 독일어-Johannes(요하네스)/Johann(요한), 스페인어-Juan(후안), 이탈리아어-Giovanni(죠봐니), 폴란드어-Jan(얀), 러시아어-Ivan(이봔), 이렇게 몇 나라만 둘러보면 정 씨의 로마자 표기 'Jung'이 유럽에서는 '융'이라고 읽히는 이유가 뚜렷해진다.

그러므로 정 씨는 Djeong/Djoeng 또는 Tcheong/Tchoeng 이렇게 옮기면 '융Jung'이라고 엉뚱한 발음을 하지는 않을 것이다. 사우디아라비아의 항구도시 '제다Djeddah'를 두고 예전에 영국인들은 Jeddah라고 적었고 프랑스인들은 Gedda라고 적었다. 아랍글자로는 어떻게 적는지 모르지만 아랍어로 Djeddah의 첫 음이 우리의 'ㅈ'과 아주 비슷한 것만은 사실이다. 따라서 영국인들은 'J'자로 옮겼지만 프랑스어 음운법칙에서는 'Ge'라고 적어야 'ㅈ' 비슷한 소리를 낼 수 있기 때문에 'Gedda'라고 옮겼던 것이다. 그랬다가 요즘 같은 글로벌 시대에 영어권, 프랑스어권만이 아니라 전 세계적으로 'ㅈ' 비슷한 발음으로 통하기 위하여 "개정된" 로마자 철자가 'Djeddah'이다. 아무튼 영어권이 아닌 유럽이나 여타 지역으로 떠나는 분들의 이름 석 자에 'ㅈ'자가 들어 있는 경우에는 사우디아라비아의 'Djeddah'를 타산지석他山之石으로 삼으면 좋을 것 같다.

3) 로마자의 한글표기

로마자를 한글로 옮기는 문제를 놓고 우선 짚고 넘어가야 할 사항은 '외국어'와 '외래어'의 구별이다. 영어를 비롯하여 우리말이 아닌 남의 나라말은 모두 외국어다. 이에 비하여 '커피', '빵', '오렌지'처럼 외국에서 건너오긴 했지만 이미 우리말의 한 식구로 편입된 말이 외래어外來語이다. 외래어는 이미 우리말 속에 뿌리를 내렸기 때문에 우리말다운 발음과 철자로 굳어져 있는 만큼 여기에서 다룰 안건이 전혀 아니다.

다만 최근에 급작스레 늘어난 컴퓨터 및 인터넷 용어로서 들어온 외래어 가운데는 아직 우리네 귀에 선 말들이 많다. 게다가 21세기 글로벌 시대니 사이버 시대니 하면서 우리말의 한 집안 식구로 삼기에는 아직 바깥 문턱에서 서성이는 외래어 어휘들이 수두룩하다. 뿐만 아니라 이처럼 덜 익은 외래어, 특히 영어 어휘들을 엇비슷하게 소리 나는 한글로 표기하여 우리말 속에 마구 뒤섞어 놓은 글들이 갖가지 선전 광고문에 우글우글하다. 북한의 국어사전에서 '서울말'에 대하여 정의하기를, "서양말, 한자말, 일본말이 마구 들어와 섞인 잡탕말"이라고 했다는데, 사전으로서는 객관성이 없는 감정적 정의이긴 하지만 한편 생각해보면 일리가 없지도 않은 것 같다.

우리 정부에서는 '국어의 로마자 표기법'뿐 아니라 로마자의 한글 표기에 대해서도 '외래어 표기법'이라는 이름으로 2007년에 개정판을 만들어 배포하였다고 한다. 그래서 그런지 '흔글 2007'에는 맞춤법 '도구'가 있어서 외국 인명/지명이나 외래어를 개정된 '외래어 표기법'에 따르지 않고 한 자라도 내 생각대로 표기하기만하면 용서 없이 빨간 색 밑줄을 좍좍 그어준다. 로마자로 쓰인 외국문학 서적을 우리말로 번역할 때는 로마자 인명/지명을 모두 우리말로 옮겨 적어야 하는데, 이 문제를 놓고 우리나라 출판사 편집부 직원들은 정부에서 정해놓은 '외래어 표기법'을 해당 외국어 전문 번역가의 의견보다 훨씬 더 존중해주는 것 같다.

영어, 프랑스어 책을 여러 권 번역해본 경험자로서 판단할 때 현행 '외래어 표기법' 역시 아직은 영어 일변도에 머무르고 있는 실정이다. 더욱이 영어 어휘는 미국식 발음에 치우친 표기가 대부분이다. 지금 쓰고 있는 '흔글 2007'에서 가령 'romance'를 OED(Oxford English Dictionary)에 표시된 발음기호에 따라 '로만스'라고 적으면 영락없이 빨간 줄을 긋고 미국식 발음에 따라 '로맨스'라고 적어야 통과된다. '로맨스'는 우리나라 영어가 미국 영어의 영향권 아래 놓여 있기 때문에 그렇다 치고 넘어가자. 다음으로, 유명한 고대 그리스 철학자 'Platon'을 '플라톤'이라고 적으면 이번에는 로마자 'Platon'과 한글 '플라톤' 둘 다 빨간 줄 신세가 된다. 그래서 또다시 '맞춤법'을 클릭해 보면 "철자가 잘못되었습니다"라는 설명과 함께 'Platon'은 'Plato'로, '플라톤'은 '플래톤'으로 바꾸라고, 터무니없는 친절을 베풀고 있다. 한데, 이는 도무지 납득할 수 없는 '맞춤법 도구'이다. '맞춤법 도구'가 도대체 뭔데 전문 번역가 앞에서 감 놔라 배 놔라 하느냐고 호통이라도 치고 싶다.

그리스 철학자의 이름은 애초에 그리스 글자로 적히었고 이를 로마자로 옮겨 적은 것이 'Platon'이다. 고전그리스어 및 라틴어 인명/지명은 영어, 독일어, 프랑스어, 등 현대어로 도입되면서 각 나라말에 맞는 철자와 발음으로 정착되었다. 따라서 영어로는 'Plato(플레이토)'라고 적고 프랑스어로는 'Platon(플라통)'이라고 적는다. 우리나라에서도 오래 전부터 원래의 그리스어 철자에 가장 가까운 로마자표기 'Platon(플라톤)'을 사용해왔으며 아무도, 적어도 플라톤이 누군지 아는 사람은 아무도 여기에 이의를 달지 않았다. 그런데 어느 날 갑자기 '플라톤'이라고 적으면 빨간 줄을 긋고 '플래톤'이라고 적어야 맞는 맞춤법이라고 하니, 참으로 무식한 자가 큰 소리 치는 세상이 되어버렸다고나 할까 어처구니가 없을 뿐이다.

외국 인명/지명을 한글로 옮겨 적으면 어차피 원음과는 차이가 나게 마련이다. 될 수 있는 한 원음에 가깝게 적고자 노력하고들 있지만 원음과 똑같은 한글 표기란 있을 수 없는 일이다. 더욱이 로마자를 쓰는 나라말은 영어 외에도 프랑스어, 독일어, 스페인어, 등등 헤아리기도 힘들 지경인데, 로마자 알파벳 26개 글자 하나하나가 그 많고 많은 나라말들 안에서 각각 어떻게 발음되는지 일일이 캐묻고 조사하여 각 나라말 원음에 가까운 한글 표기법을 만드는 일이란 터무니없는 시간 낭비요 괜한 헛수고가 아니고 무엇이랴.

외국어 원음과 같은 한글표기란 있을 수 없다는 것을 당연한 사실로 받아들이고 난 다음이면, 로마자 알파벳에서 자음子音글자 하나하나를 이 나라 저 나라에서 각각 다르게 발음한다는 사실에 대해서도 우리로서 신경을 곤두세워야 할 필요는 없다고 생각한다. 가령 'R'자의 경우, 영어, 프랑스어, 스페인어, 포르투갈어에서의 발음이 제각기 다르지만 한글로 적을 때는 모두 일관성 있게 'ㄹ'자로 옮기는 것이 좋겠다. 프랑스의 화가 'Renoir'는 '르누아르'라고 적으면 그만이다. 프랑스어에서 'R'자가 우리의 'ㄹ'보다는 'ㅎ'에 더 가깝다고 '흐누아흐'라고 적는다면 이는 원음에서 더 멀어진 얼토당토 않은 소리다.

로마자 알파벳에서 모음母音글자는 A, E, I, O, U와 같이 몇 개 안 되는 숫자다. 하지만 이 몇 개 안 되는 모음글자들은 로마자를 쓰는 각 나라말의 음운구조에 따라 매우 복잡다단한 발음문제를 수반하고 있다. 그중에서도 특히 영어는 모음의 발음이 터무니없이 불규칙하기로 천하에 악명 높은 언어이다. 때문에 우리로서는 영어원음에 가까운 한글 표기를 하겠다고 애쓸 필요가 전혀 없다. 나아가 미국식 발음 위주로 표기하겠다고 이미 정착된 외래어 표기를 뜯어고쳐야 한다는 발상은 더더욱 쓸데없는 짓이다.

영어로 된 인명/지명을 한글로 표기해야 할 경우, 발음에는 아예 상관하지 말고 적힌 글자 위주로 옮기는 것이 낫지 않을까 생각한다. 다시 말해서, 2중모음(Diphthong)이나 장모음長母音이나 묵음黙音의 경우가 아니라 단모음單母音일 경우 'A'는 무조건 'ㅏ'로, 'E'는 'ㅔ'로, 'O'는 'ㅗ'로 적는 것이 좋을 것 같다. 가령 영어권에서 흔한 여자 이름 'Margaret'은 '맞춤법 도구'가 나서서 빨간 줄을 긋건 말건 '마가렛'이라고 옮기는 편이 미국식 발음에 치우친 표기 '마거릿'보다 낫다고 생각한다. 미국 가서 아무리 '마거릿' 하고 불러 봐야 뒤돌아볼 여자는 한 사람도 없기가 십상이다. 반면에, 발음이 대단히 불규칙하기로 소문난 영어 모음들 가운데 적어도 3개나마 일관성 있는 한글 표기법을 정해 놓으면 영어공부 할 때 단어의 스펠링을 착각하게 되는 일이 훨씬 드물어지지 않을까 한다. 프로그람(program), 클라스(class), 카탈로그(catalog), 라디오(radio) 등등, 그리스어, 라틴어에서 유래한 학술어휘일수록 한글로 옮길 때는 발음 위주가 아니라 글자 위주로 변환하는 것이 어려운 영어공부에 도움이 되리라고 생각하는 바이다.

마지막으로, 식자층에서 자주 쓰는 외래어 '비전vision'에 관하여 한 마디 하고 싶다. 웬만한 국어사전에도 나와 있을 정도로 이 말은 이미 우리말의 한 식구가 된 지 오래인 것 같다. 이는 그래도 '비젼'이라고 적는 편이 낫다고 생각한다. 원음에 더 가까운 표기를 주장하는 것이 아니라 '비전秘傳'이라는 한자어와의 혼돈을 피하기 위해서이다. 오늘날 우리글은 한자어든 외래어든 순수한 토종 우리말이든 모두 한글로만 표기하기 때문에 어휘 면에서나 문장 면에서나 자칫 혼돈이 일어나기 싶다. 얼핏 눈으로 보기에는 한글만 가지런히 정렬되어 있는 말끔한 글이라 하겠지만 머릿속에서 뚜렷이 뜻을 짐작하기에는 외래어, 한자어, 순수 우리말의 뒤범벅 현상 때문에 독서능률이 월등히 떨어지게 마련이다. '젼'이라는 발음의 한자어는 없기 때문에 '비젼'이라고 적으면 외래어 'vision'이라는 것을 대번에 알 수 있게 된다. 같은 이유로 19세기 프랑스의 소설가 Balzac은 '발쟉'이라고 표기하는 것이 '발작'보다 백배 낫지 않을까 싶다. 또한, 스코틀랜드 사람들의 성姓 앞에 붙는 Mac과 아일란드 계통의 성씨 Mc은 둘을 구별하여

'Macbeth'는 '맥베쓰'로 'McCrum'은 '믁크럼'으로 적는 것이 좋겠다. 외국 인명/지명의 한글표기에 관해서는 아직 할 말이 더 있지만 이 책의 마지막 장章에 이르러 우리말, 우리글에 관하여 본격적으로 이야기할 때를 기다리기로 한다.

4) '글로비쉬Globish'

'글로비쉬'란 앞 장에서 언급했던 바와 같이 'Global English'를 한 단어로 줄인 말인데, 영국인 작가 로버트 믁크럼Robert McCrum이 2010년에 출판한 책 제목 'Globish'에서 비롯하였다. '글로비쉬'는 물론 21세기 지구촌 곳곳에서 '링구아 프랑카'로 통용되고 있는 영어를 말한다. 믁크럼의 설명에 의하면 '글로비쉬'는 전全 세계로 뻗어나간 자본주의 (global capitalism) 시대의 공통어(common language)라고 한다. 베를린 장벽과 소비에트 연방 체제가 허물어지기 전까지는 자본주의와 공산주의로 거의 동등하게 나누어져 있었던 경제, 정치, 문화적 힘의 균형이 1989년 여름부터 갑자기 한 쪽으로, 즉 자본주의 쪽으로만 쏠리기 시작하여, 그로부터 20여 년이 지난 오늘날의 세계는 자본주의 독점 경제체제로 통일되어 버렸다고 한다. 이처럼 자본주의가 혼자 판을 치는 세상에서 더불어 함께 소통하기 위한 수단(means of global communication)으로서 급부상한 언어가 바로 지구촌의 영어

(global English), 즉 '글로비쉬'라는 것이다.

이는 우리가 앞 장에서 살펴본 바, 르네상스 시대 지중해 해상무역을 독점하였던 이탈리아 '베니스의 상인들'과 통상하기 위한 수단으로서 구어체 위주의 언어 '링구아 프랑카'와 조금도 다르지 않은 현상이다. 때문에 '지구촌 시대의 링구아 프랑카'는 '글로비쉬'의 또 다른 이름이기도 하다. 믈크럼은 책의 끝 부분에 가서 "글로비쉬는 언어(language)로서보다는 목적달성을 위한 수단(means to an end)으로 발전해 나가리라"고 예언조의 설명을 붙여 놓았다. 한데, 무슨 목적이란 말인가? 두말할 필요도 없이 돈벌이 목적이다. 국제간 통상이니 무역이니 비즈니스니 하며 좀 근사하게 들리는 말로 표현할 수도 있겠지만 아무튼 '글로비쉬'를 배우고 익히려는 최종목적은 모두 돈벌이에 있다.

세계 여러 대학들의 랭킹을 매겨 정기적으로 출판함으로써 돈벌이하는 영국회사 사장 눈치오 콰콰렐리(Nunzio Quacquarelli)는 명문 케임브릿지 대학을 졸업한 후, 또 미국의 명문 경영학 대학원 'Wharton School'에서 'MBA' 학위를 받은 국제 비즈니스맨으로 알려져 있다. 그가 상거래를 목표로 생겨났던 '링구아 프랑카'의 원조元祖 이탈리아(베니스의 상인?) 계통의 성姓과 이름을 하고 태어났다는 것은 우연이라고 하기에는 참 묘한 기분이 든다. 그처럼 돈에 대해 눈치가

빠른 사람이 아시아 여러 나라의 '글로비쉬' 열풍과 명문대학 열풍을 모를 리가 없었을 것이다. 2009년에 조선일보와 손잡고 이번에는 아시아 대학들의 랭킹을 매겨서 출판하기 시작했으니 말이다. 해마다 신문방송 기자들이 앞 다투어 '아시아 대학 랭킹(QS Asian University Rankings)'을 1등에서 꼴찌까지 일간지에 좍좍 실어주면 우리나라 대학 인사들은 거기에 꽤나 신경을 곤두세우지 않을 수 없는 딱한 형편인 것 같다.

돈벌이 목적의 '글로비쉬'를 최고로 잘 활용하고 있는 나라는 인도라고 한다. 인도 서남부의 도시 방갈로어Bangalore-힌두어 원음에 가까운 표기로는 '벵갈루루Bengaluru'-는 '새로운 인도(the new India)'의 실리콘 밸리로서 '인포시스Infosys'와 '마이크로소프트Microsoft'를 위시하여 세계시장을 주름잡는 대기업들이 우르르 모여 있는 곳이라고 한다. 글로벌 자본주의 세상은 때와 장소의 개념이 없어져 버린 지 오래다. "언제 어디서나(whenever and wherever)" 24시간 내내 서비스를 자랑하는 영어권 인터넷 경영회사들은 인도에 있는 자기네 회사 직원들을 통하여 글로벌 고객들에게 서비스를 베풀어 주고 있다. 미국 캘리포니아에서 밤늦은 시간에 인터넷 통신에 문제가 생겨 고객서비스 연락처에다 전화를 하면 그 즉시 인도로 연결된다. 수많은 인터넷 통신회사에 고용된 수많은 인도사람들은 모두가 '글로비쉬'를 유창하게 구사한다. 듣기 좋은 표준 영어를 하는 사람에게 연결될 때도 간혹 있긴 하지만 대개는 우리네 한국인의 귀에 알아듣기 힘든 인도식 악센트가 강한 '글로비쉬'이다. 중부 캘리포니아에 사는 내 친구 하나는 인도사람과 전화로 씨름하다가 결국 "당신의 영어는 도저히 못 알아듣겠으니 발음이 좋은 딴 사람을 바꾸라"고 용감하게 호통을 친 일도 있을 정도이다.

인도는 다민족 국가, 다언어 국가이기 때문에 영국의 식민지에서 독립한 후에도 계속해서 영어를 공용어(official language)로 채택하지 않을 수 없을 정도로 사정이 복잡한 나라이다. 웬만한 인도 사람들이 영어를 잘하는 이유는 물론 200년 이상 영국의 식민지였다는 과거사실이 한몫을 한다고 할 수 있다. 그렇다 하더라도 영어가 공용어라서 초등학교 때부터 배우기 때문이라기보다는, 다수의 북부 인도인들이 사용하는 힌두어나 벵갈어의 조상 산스크리트어 자체가 영어와 같은 어족語族, 즉 인도유럽어족(Indo-European language family)에 속한 말이기 때문이다. 앞에서 살펴본 바와 같이 인도글자 또한 영어처럼 알파벳으로 이루어진 소리글자이다. 세계의 말과 글을 크게 나누어 따져 볼 때 대다수의 인도사람들이 쓰는 언어들과 영어는 한 통속이라고 해도 틀린 말이 아니다. 따라서 인도사람들은 우리와는 비교의 대상이 될 수 없을 정도로 영어와 동화할 수 있는 소질을 타고난 민족이다. 그러므로 미국과 영국 회사에 엄청난 수로 고용되어 일하는 인도사람들, 그들이 강한 인도식 악센트로 유창하게 구사한다는 영어는 우리가 부러워해야 할 이유가 없는 '글로비쉬'요, 돈벌이 목적을 위한 수단에 지나지 않는 것이다.

필리핀도 7,000여 개의 섬으로 구성된 다多언어 국가이다. 16세기 스페인의 식민지가 되기 전까지는 한 국가로서 통일된 적도 없었을 뿐 아니라, 우리로서 알아야 할 더욱 중요한 사실은 그네들이 말은 하지만 글자를 모르던 사람들이었다는 것이다. 따라서 현재 필리핀 인구의 절반가량이 사용한다는 '타갈록Tagalog'은 로마자로 적을 뿐 아니라 어휘 면에서볼 때 스페인어가 다량으로 들어있다. 400여 년 동안 스페인의 통치를 받다가 19세기 말엽 늦게야 제국주의 시장 개척에발을 내디딘 미국의 손에 넘어 갔었고, 20세기 중엽 미국으로부터 독립한 후에도 영어를 공용어로 하여 행정과 교육을펴나가지 않을 수밖에 없는 딱한 나라이다.

동남아의 도시국가로 한참 뜨고 있는 싱가포르Singapore의 경우도 마찬가지다. 말레이Malay인과 남방중국인과 인도계통 사람들이 섞여 사는 또 하나의 다민족 국가일 뿐 아니라, 말레이시아와 함께 영국의 식민통치를 받았던 관계로 독립한 후에도 영어를 공용어로 사용하지 않을 수 없는 사정이다. 그들이 하는 영어 또한 우리네 귀에는 유창한 영어로 들릴지 몰라도 '글로비쉬'의 저자 믘크럼 같은 원어민(native speaker)에겐 싱가포르 식 영어, 즉 싱글리쉬Singlish로 분류된다. 한편, 그런 싱가포르에서도 중국계 사람들만큼은 학교 교육 전소 과정에 걸쳐서 영어와 표준 중국어(Mandarin)를 함께 사용하는 '2중 언어 정책(bilingual policy)'을 고수하고 있다.

믘크럼은 나아가 말레이시아Malaysia식 영어를 이름하여 망글리쉬Manglish라고 하였다. '싱글리쉬'와 '망글리쉬'에 이어 '칭글리쉬Chinglish', '콩글리쉬Konglish', '쟈파니쉬Japanish'가 줄줄이 '글로비쉬'의 대열에 들어서 있다. 이처럼 본 고장을 떠나 이 나라 저 나라에서 자기네들 나름으로 배우고 사용하는 '글로벌 잉글리쉬', 즉 '글로비쉬'는 자연히 각 나라 식 튀기 영어(bastardized English)를 포함하지 않을 수 없게 마련인데, '글로비쉬'의 저자 믘크럼은 이를 아주 자연스럽고 당연한 현상으로 받아들이고 있다.

그런데 '글로비쉬'를 세계에서 가장 열성적으로 배우고 있는 나라는 중국이라고 한다. "Conquer English to Make China Strong(영어를 정복하라, 강력한 중국이 되기 위하여)" 이런 슬로건 아래 드러나는 중국의 야망 역시 돈벌이가 목적이라는 것은 어렵지 않게 짐작할 수 있다. 천연자원이 풍부한 아프리카 여러 나라들과 거래를 하자니 지구촌 시대의 공통어('링구아 프랑카') '글로비쉬'를 어찌 목적달성을 위한 수단으로 쓰지 않을쏘냐. 그렇다고 중국이 자기네 말과 글은 외면한 채 '영어, 영어'하며 영어 교육만 외쳐대고 있을까? 천만의 말씀이다. 중국은 만리장성보다 길고 튼튼한 그네들 고유의 문자 문화로 인하여 '글로비쉬' 같은 어설픈 외래문화가 침범할 한 치의 틈도 없다는 것, 이는 오늘날 중국에 대하여 연구하며 중국을 지켜보고 있는 서양 학자들이 이구동성으로 인정하는 사실이다. 많고 많은 중국인들이 영어를 배우고 쓰고 있지만 중국에서 영어는 어디까지나 외국어로서 존재할 뿐이라는 것이다. 따라서 중국인들이 중국 땅에서 하는 중국어식 영어 '칭글리쉬Chinglish'도 우스꽝스런 경우가 많긴 하지만 아무튼 영어 원어민에겐 '글로비쉬'에 덩달아 생겨난 자연스런 현상으로 보일 따름이다.

우리 한국어식 영어 '콩글리쉬Konglish'도 '글로비쉬' 가운데 분명히 한 몫을 차지하고 있다고 하겠다. '콩글리쉬'는 하기야 '글로비쉬'보다 먼저 생겨나 있었던 말이긴 하다. 이제 글로벌 시대를 맞이하여 오늘의 '콩클리쉬'는 우리 한국이 세계에서 으뜸이라는 IT기술에 힘입어 그야말로 엄청난 양적量的 성장을 한 것 같다. 수도권 전철에서 영어로 안내방송을 하는가 하면, 초등학교에서 대학에 이르기까지 웬만한 학교의 웹사이트마다 영어 사이트가 함께 마련되어 있으니 말이다. 영어와 아무 관계없는 학문분야일지언정 국어마저도 일체 모든 것이 영어로 소개되고 설명되어 있다.

한데, 우리나라 수도권 전철에서 한국어로만 안내방송을 한다면 못 알아듣겠다고 불평할 사람들이 과연 얼마나 될까? 외국관광객이나 외국노동자의 수가 우리와 비교할 수도 없이 많은 프랑스 파리의 지하철에서조차도 "내리실 문은 오른쪽입니다"니 "어디어디 방면으로 가실 분들은 X호선으로 갈아타시기 바랍니다"와 같은 소리는 영어로 번역은커녕 자기네 모국어 프랑스어로도 하지 않는다. 글을 읽을 줄 아는 사람이면 다 이해할 수 있게끔 표시되어 있다. 전동차가 진행하는 방향으로 봐서 문이 오른쪽으로 열린다는 말을 굳이 영어로 안내해 주고자 한다면 "Exit on the right"라고 명령형을 쓰거나, 그저 "Exit"라고만 하고 오른쪽을 가리키는 화살표를 그어주면 될 일이다. 그걸 가지고 전동차마다 한가운데 설치된 컴퓨터 화면에 "You may exit on the right"라고 주어와 동사로 이루어진 문장, 즉 영문英文을 띄워서까지 지나치게 친절을 베풀고 있다. 그런데, 'may'는 '가능성'이나 '허가'를 나타내는 조동사이기에 "오른쪽으로 나가도 된다," 즉, "(다른 곳으로 나가도 되고) 오른쪽으로 나갈 수도 있다," 대강 이런 뜻이 되어 버린다. 그러니 이는 런던이나 뉴욕, 샌프란시스코, 등등 세계 어느 영어권 전철역에서도 볼 수 없는 우리식 영어 '콩글리쉬'가 아니고 무엇이랴.

각 대학의 영문 웹사이트는 또 어떤가? 교육부에서 대학마다 영어로 웹사이트를 만들어야 한다는 규정이라도 시달된 것인가? 어느 어느 대학이라고 여기에다 이름을 대진 않겠지만 도저히 영어라고 할 수 없는 영어, '글로비쉬' 중에서도 '콩글리쉬'로 밖에 분류될 수 없는 한국어식 영어가 이런 저런 대학의 웹사이트를 꽉꽉 채우고 있다.

다시 한 번 말하지만 '글로비쉬'는 자본주의가 혼자 판을 치는 세상에서 돈벌이를 위한 통상수단으로 발전된 지구촌의 공통어 '링구아 프랑카'이다. 공통어共通語이지 공용어公用語(official language)가 아니다. 글로벌 자본주의 시대의 경영학 이론을 바탕으로 대학의 랭킹을 매겨서 돈벌이하는 회사 사장 콰콰렐리의 호주머니에 돈이 콸콸 쏟아지건 말건 우리의 대학이 신경 쓸 일은 아니라고 생각한다. 우리의 대학이 돈벌이를 목표로 하는, 미국에 우글우글한 '영리목적(for-profit)' 대학이 아니라 학문을 가르치고 닦는 학문의 전당이라면, 지구촌 장사꾼들의 공통어 '글로비쉬' 수준에서 하루빨리 벗어나 돈보다는 예禮와 의義를 숭상하던 나라답게 의젓한 길을 추구해야 할 것이다.

5) 영어 장사

이념분쟁의 시대가 역사의 저편으로 사라지고 '자유 시장

경제(free market economy)'가 세계로 확산되고 있는 오늘날의 세상은 장사꾼들의 천지가 된 것 같다. 그래서 그런지 몰라도 사회가 온통 품격을 잃어간다는 말을 자주 듣게 된다. 장사꾼이라고 했지만 좀 근사하고도 현대적인 말로는 비즈니스맨이라고들 한다. 그런데 비즈니스 중에서도 우리 한국 사람들의 남다른 교육열을 이용하여 한참 재미를 보고 있는 비즈니스가 영어 장사인 것 같다. '영어 연수'라는 이름 아래 여행사 및 항공회사와 손잡고 초등학교 어린이에서부터 대학생에 이르기까지 돈 있는 집 아이들을 상대로 짭짤한 수익을 올리는 비즈니스업체가 어디 한둘인가. 영어는 나이가 들어 혀가 굳기 전에, 한 살이라도 더 먹기 전에 현지에서 원어민(native speaker)에게 배우도록 해주어야 한다는 그릇된 생각이 언제부터인지 우리네 가정 안 방 깊숙이 들어와 박혀버린 것 같다. 그리하여 원정출산이니 조기유학이니 하면서 기러기아빠에 현대판 맹모孟母의 길을 택한 이산가족이 또 어디 한둘인가.

세기와 천년기가 한꺼번에 바뀌자 더욱 세게 불어 닥친 영어 열풍을 타고 이젠 우리나라에서도 초등학교에서부터, 아니 유치원에서부터 영어를 가르치는 실정이다. 그것도 옛날식으로 영어 교과서를 들고 한국 선생님께 배우는 것이 아니라 원어민으로부터 직접 '영어로 영어를(English in English)'

배우고 있다는 소식이다. 이 놀라운 소식을 들은 얼마 후, 캘리포니아 집 근방 책방에 갔다가 세계 여러 나라에 대한 여행안내서 'Lonely Planet' 시리즈 가운데 'Korea'가 눈에 띄기에 집어 들고 이리저리 책장을 넘겨보았다. 한국에서 돈도 벌고 여행도 할 수 있는 길이라는 항목 아래, 학교나 학원에서 영어를 가르치며 돈벌이 하면서 체류할 수 있다는 일석이조一石二鳥의 효과적 여행안내 및 설명이 꽤 상세하게 붙어 있었다. 대략 다음과 같은 내용이었다.

영어를 모국어로 하여 태어난 사람으로서 대학 문 안에 들어가 본 학벌이면 전공에 관계없이 누구나 한국에서 우수한 영어선생이 될 수 있다. 한국은 영어교사의 수당은 높은 데 비하여 생활비가 적게 드는 나라이기에 조심해서 아껴 쓰기만 하면 미래를 위하여 한 재산 모으는 것쯤은 수월한 일이다. 경험도 필요 없고 한국말을 배울 필요도 전혀 없으며 대부분 아주 쉬운 내용의 영어 입문 수준이기에 수업준비에 시간을 들일 필요도 없다. 이와 같은 정보는 인터넷으로 언제 어디서든 확인이 가능할 뿐 아니라 정기적으로 '업데이트 update'되고 있다.

불과 몇 해 전만 하더라도 학위나 자격증 같은 것은 묻지도 않고 노란 머리에 파란 눈 원어민이기만 하면 곧바로 채용이 되었었는데, 그동안 원어민 교사의 공급숫자가 늘어나

자 우리나라도 이젠 영어선생 자격증 운운하는 수준으로 한 걸음 발전한 것 같다. 따라서 한국에서 돈벌이할 길을 찾아 컴퓨터 앞에 앉아 있는 영어 원어민에게는 'Lonely Planet'에 서 추천하는 영어선생 자격증 발급 학원이라는 명목의 웹 사이트 'i-to-i'가 곧바로 접속된다.

그런데 한국여행안내 책자나 인터넷 사이트에도, 영어선생 자격증 발급 학원의 선전문에도 똑같이 명시되어 있는 내용 인즉슨 한국 초등학교에 채용된 원어민 영어선생은 가구 달린 주택을 제공받고도 월급이 200만 원 이상이기에 알뜰하게 살기만 하면 얼마 안 되는 시간에 많은 돈을 모을 수 있다는 것이다. 한데, 초등학교 교감으로 재직하고 있는 한 친척의 말에 의하면 이민 2세 원어민이거나 미국 유학생 출신으로서 생긴 체구만 한국 사람일 뿐 학력이나 자격 면에서는 백인 원어민보다 나았으면 나았지 못할 것이 하나도 없는 한국인 교사의 경우에는 똑같은 시간을 일하고도 월급이 백인 교사 의 월급 절반보다 조금 더한, 5분의 3정도밖에 안 된다는 것 이다.

요즘은 직장에 나가는 엄마들이 많기 때문에 아이를 탁아 소에 보내느니 영어학원에 보내는 것이 여러모로 낫다는 판 단에서 학교가 파하고 나면 끼리끼리 영어 학원으로 몰리는 어린이들 또한 셀 수 없이 많아졌다. 그 많고도 많은 아이들을 상대로 한몫 보는 장사가 아동용 영어교재 장사인 것 같다. 학교에 다니는 어린이가 있는 집이란 집은 책장에 국어사전은 없을지언정 영어교재는 수북이 쌓여 있으니 말이다. 미국이나 영국에서 쓰는 저학년 '읽기(Reading)' 교과서를 그대로 수입한 것도 많고, 영국 어느 곳에서 쓰는 교재 하나를 들여와서 영어 단어 하나하나마다 바로 옆 괄호 속에 엇비슷하게 한글로 발음을 표기해 놓은 영/한 2개 국어 영어교재도 집집마다 빗자루로 쓸 정도로 많다.

얼마 전 친구네 집에 놀러 갔다가 우연히 영/한 2개 국어 영어교재가 눈에 띄기에 집어 들고 이리저리 훑어보았다. 초등학교 저학년 아이들을 상대로 만든 교재라서 그런지 글자도 크고 온통 총 천연색 그림 투성이에다 무게도 묵직하고 가격도 묵직한 책이었다. 그 중 딱 한 군데만 소개하자면, 우리 몸에 대한 영어 단어를 배운답시고 신체의 각 부분을 나타낸 커다란 그림들과 함께 "arms(암), hands(핸드), fingers(핑거), thumb(섬)..." 이런 식으로 이어져 나가고 있었다.

참으로 황당하다는 느낌을 받았다. 여의도가 서울 한 가운데 있는 섬이며, 독도, 울릉도라고 할 때 그 '도島'자가 섬이라는 뜻임을 채 깨우치기도 전에, 버젓이 있는 우리말 '엄지'를 알까말까 한 나이에, 엄지손가락을 그려 놓은 그림을 보고 "섬thumb, 섬thumb"하고 몇 번씩 되풀이하면서 영어 단어부터 외우고 있을 우리 아이들이 불쌍하고 가련하다는 생각밖에는 달리 무어라고 할 말이 없다.

그런데 아주 최근에 한 글로벌 일간지(International Herald Tribune)에서 흥미로운 기사를 읽었다. 캘리포니아 실리콘 밸리에 살며 Google, Apple, Yahoo 같은 거물급 회사에서 간부로 일하는 상류층 학부모들이 자녀들을 옛날식으로 공책과 연필로 공부시키는 사립 초등학교에 보낸다는 얘기였다. 그 흔한 컴퓨터도 스크린도 없는 교실에서 아이들이 학교 뜰에서 직접 키운 채소로 샐러드 만들기를 배우고 있는 아기자기한 사진이 참 인상적이었다. 학부모 대부분이 첨단산업 회사의 간부급 인사들이지만 모두들 이구동성으로 교실에 컴퓨터가 있으면 어린 아이들이 정신을 집중하는 데에 방해가 된다는 것이었다. Google회사에서 요직에 근무하는 한 학부모의 견해로는 "첨단기술이란 배워야 할 때와 장소가 따로 있다(Technology has its time and place.)"는 것이다. 이는 오늘날 우리 한국의 학부모와 교사 모두가 곰곰이 생각해 보아야 할 경구警句가 아닐까 싶다. 우리네 초등학교 아이들에겐 첨단기술 뿐 아니라 영어를 배워야 할 때와 장소가 따로 있다고 생각한다. 내 나라 말과 글도 아직 제대로 익히지 못한 나이에 남의 나라말, 그것도 우리말과는 생판 180도로 다른 영어를 배우느라 시간과 정력과 돈을 이다지도 쏟아부어야 할 것인가? 어린 나이에 영어를 배우면 또 얼마나 배울 것인가?

초등학교 6년 동안에는 우선 우리말과 글을 탄탄하게 잘 다져 놓고 영어는 중학교에 올라간 다음에 배워도 결코 늦지 않다고 생각한다. 제 나라말을 잘 알아야 외국어도 잘 할 수 있다. 이는 한국에서 한국어로 대학교육까지 받은 후에 프랑스에서 10년 가까이 공부하고 미국 캘리포니아에서 10년 너머 프랑스어 선생으로 생활하고 있는 나의 오랜 경험에서 나온 말이다. 적을 알고 나를 알면 백전백승이라고 했던 '손자병법'의 글귀를 오늘도 내일도 영어 공부에 여념이 없을 우리 한국의 학도들을 향하여 여기에 살짝 바꾸어 써 본다. 내 나라말을 제대로 배우고 남의 나라말을 공부하면 백 나라말과 씨름해도 이긴다.

4. 중국어와 중국글자

1) 뜻글자 한자漢字

세계를 향해 뛰고 있는 지금 우리는 무엇보다도 한자에 대한 오해와 편견에서 하루빨리 벗어나야 한다. 우선 5만자니 6만자니 하면서 글자 수가 터무니없이 많기에 평생을 바쳐도 다 못 배울 글자라고 말하는 것이야말로 터무니없는 소리다. 한자에 대해서 제대로 알지 못하는 무식한 입에서 생각 없이 나오는 소리에 지나지 않는다. 한국과 일본에서 교육용 기초한자로 정해 놓은 글자 수도 2000자에 못 미치는 숫자인 데다, 중국에서 간행되는 책의 99%를 이해하는 데에 필요한 글자도 2,800자 정도라고 한다. 우리 선조들이 어린 시절 서당에서 좔좔 외던 '천자문', 그 1,000자만 알아도 요즘 같아선 만인이 우러러볼 수준이 아닐까 한다. 한데, 1,000자의 4분의 1에도 못 미치는 214자 부수部首글자만 익히고 나면 한자란 한자는 거의 모두가 이 부수글자들의 조합일 뿐이다. 조합 또한 아무렇게나 모아놓은 것이 아니라 유기화합물의 합

성원리는 저리가라 할 정도로 "유기적有機的"인 조합이라 하겠다.

그래도 영어 알파벳 26자에 비하면 턱없이 많다고 불평할 사람이 있다면, 뜻글자 한자와 소리글자 알파벳은 영어 속담으로 표현하자면 "사과와 오렌지를 비교하는 것(comparing apples and oranges)" 즉, 비교의 대상이 될 수 없는 전혀 차원이 다른 두 문자체계임을 알아야 할 것이다. 로마자 알파벳은 26자 중에서 짧게는 한 자 길게는 여남은 자를 왼쪽에서 오른쪽으로 가로로만 풀어쓰기를 하여 단어가 만들어지는 음소문자音素文字인데 비하여, 한자는 부수글자 214자 중에서 몇몇 자를 상하좌우로 얼마든지 적게는 한두 획에서 많게는 20획 넘게 조합하여 모아쓰기를 한 덩이글자이다. 나아가 한자는 글자(letter) 하나가 음절(syllable) 하나일 뿐 아니라, 글자 고유의 소리 단위 음소(phoneme) 하나인 동시에, 글자 고유의 뜻 단위 '언소言素(morpheme)' 하나를 이루고 있는 단어문자單語文字이다. 쉽게 말하면 글자 하나가 단어 하나라는 뜻이다. 따라서 우리가 교육용 기초한자 1800자를 배운다는 것은 단어 1800개를 배워 익힌다는 말이 된다. 1800자만 알면 일상생활에 필요한 한자어는 물론이요 머릿속에서 생각을 요하는 추상적 어휘, 중등 교육과정에서 배우는 학술용어도 대부분 무리 없이 소화할 수 있다고 판단되었기에 교육부에서 '교육용 기초한자 1800자'라고 숫자뿐 아니라 명칭도 정해 놓은 것 아니었던가?

이에 비하여 단어수가 무려 500,000개 이상이라며 세계의 언어 가운데 어휘가 가장 풍부하다고 자랑하는 영어, 그 영어를 별 불편 없이 구사하려면 1800개 정도의 단어 실력으로는 어림도 없다는 것, 이는 이제 초등학교 어린이도 알고 있는 엄연한 사실이다. '시사영어사'에서 나온 영한사전의 머리말 설명에 의하면 우리나라 고등학교 수준에서 이미 4500단어는 익혀야 된다고 한다. 해마다 수많은 학생들이 '토플 TOEFL'시험 공부를 하느라 기를 쓰고 외우는 영어단어의 수 數는 교육용 기초한자 1800자와는 비교도 할 수 없이 엄청난 숫자이다. 어디 그뿐인가. 단어만 수천, 수만 개 이상 외웠다고 영어를 웬만큼 잘 할 수 있느냐 말이다. 끝도 한도 없이 외워야 하는 단어에다가 일상생활에서 자주 쓰이는 동사구 (phrasal verbs)에 숙어(idioms)에 관용구(expressions)는 또 얼마나 많은지, 영어야 말로 정말이지 평생을 바쳐도 다 못 배울 외국어가 아닐까 싶다.

같은 로마자를 쓰는 프랑스어나 독일어와 비교해 보아도 영어가 얼마나 문법의 틀을 벗어난 제멋대로의 말인지, 따라서 외국인이 배우기에 얼마나 어려운 말인지에 대하여 미국의 영어선생들 사이에서 오가는 농담 섞인 이야기들은 인터넷에서 얼마든지 찾아볼 수 있다. 가령 "Crazy English", 혹은 "English is a crazy language"라고 Google에다 타이핑해 넣어보면, 영어 단어가 얼마나 일관성 없이 제멋대로 만들어져 있느냐에 대한 재미난 글들이 주르륵 화면에 등장한다. 이에 비하여 한자는 아주 아주 규칙적인 방식으로 만들어진 글자이기 때문에 영어단어보다 훨씬 쉽게 익힐 수 있다. 이는 국어학자 이익섭 선생님의 『꽃길 따라 거니는 우리말 산책』가운데 '한자의 효용'에 훌륭히 설명되어 있기에 그 중 한 단락을 여기 인용하고자 한다.

한자는 하나하나 뿔뿔이 외우게 되어있지 않습니다. 한자는 90% 이상이 형성形聲이라는 방식으로 만들어져 있습니다. '柱, 珠, 註, 注'에서 보듯 발음을 나타내 주는 부분과 뜻을 나타내 주는 부분을 복합하여 만든 글자가 대부분입니다. 그래서 '柱'라면 발음이 '주'이고 뭔가 나무와 관련된 글자라는 것을 짐작할 수 있습니다. (『우리말 산책』, 308쪽)

'주' 발음의 형성문자 넷에 관한 윗글에 덧붙여 '와' 또는 '과'라고 발음되는 한자 몇 자에 관해서도 한 번 살펴보자. 渦, 蝸, 窩, 萵에서 발음을 나타내 주는 부분의 기본 글자 '와'

는 또한 過, 鍋에서처럼 '과'라고도 발음되는 글자로서 애초에는 둥글게 이리저리 돌아간 모양을 나타낸 상형문자象形文字인 것 같다. 여기에 삼수변이 붙으면 물결이 둥글게 이리저리 휘몰아치는 '소용돌이 와渦'자가 되고, 벌레훼변이 붙으면 둥글게 이리저리 꼬인 '달팽이 와蝸'자, 구멍혈변 아래에서는 땅이나 바위가 둥글게 파여 들어간 '굴, 움집 와窩'자, 초두머리 아래에서는 잎이 이리저리 둥글게 겹쳐진 채소 '상추 와萵'자가 된다. '과' 발음의 두 글자 역시 같은 이치로 만들어져 있다. 밟고 돌아다닌다는 책받침변이 붙으면 이리저리 돌아다녔다는 '지날 과過'자가 되고, 쇠금변이 붙으면 쇠로 만든 둥그렇고 넙적한 '솥, 냄비 과鍋'자가 되니, 이 얼마나 조직적이고 합리적으로 만들어진 글자들인가! 발음 부분과 뜻 부분의 짜임새가 얼마나 '유기적(organic)'인가! '카테고리category' 개념의 창시자 아리스토텔레스도 감탄해마지 않을 듯 싶다.

신경이 어딘가 잘못되어 입이 비뚤어진 병을 한방에서 '와사풍斜風'이라고 한다는데, 비스듬히 '기울 사斜'자는 '흔글'에 입력이 되어 있는데 '입 비뚤어질 와'자는 입력되어 있지 않아서 여기에 쓸 수가 없지만, 이 글을 여기까지 읽어온 독자라면 누구나 어렵지 않게 짐작하여 쓸 수 있는 글자이다. 즉, 둥글게 돌아간 모양을 나타내 주는 기본 글자 '와'자 왼편에다 부수글자 입구口변만 갖다 붙이면 '입 비뚤어질 와'자가 되게끔 유기적으로 형성形成되어 있는 형성形聲문자이기 때문이다.

세계의 모든 글자는 10여 종류로 분류될 수 있으며 다시 크게 둘로 나누면 소리글자(phonogram)와 뜻글자(ideogram)로 구분되는데, 한글을 포함하여 다른 모든 문자가 소리글자인 데 비하여 뜻글자는 한자 하나뿐임을 우리는 이미 앞에서 살펴보았다. 그러므로 뜻글자 "한자는 소리글자로는 충당되지 않는 독자적인 세계가 있는 게 분명하다"고 하시는 이익섭 선생님의 설명을 좀 더 들어 보자.

근래 이루어지는 연구 중 흥미로운 것 하나는 우리의 뇌가 뜻글자와 소리글자에 대해 달리 반응한다는 것입니다. 영어권에서는 뜻글자로 아라비아 숫자를 이용하여 가령 five와 5에 대해 뇌의 반응이 다르다는 걸 보여 주고, 일본에서는 특히 뇌를 다친 사람들을 대상으로 일본 글자는 깡그리 잊어버렸으면서 한자는 잘 기억하고 있는 사례를 통해 이들을 관장하는 뇌가 다르다는 것을 입증하려는 노력을 보이고 있습니다. (『우리말 산책』, 312쪽)

다시 윗글에 덧붙여, 존경하는 지인知人 한 분에게서 들은 이야기 하나를 소개하고 싶다. 다름이 아니라 집안의 웃어른이 뇌를 다쳐 반신불수가 되어 오른쪽 몸과 언어 기능을 잃고 말았기에 말 한 마디도 못하고 한글 한 자도 못 읽고 못 쓰게 되었는데 한자는 아무 문제없이 알아보고 쓴다는 것이다. 하루는 웬일인지 역정을 내시며 불쾌해 하시기에 옆에서 시중들던 딸이 벼루에다 묵을 갈아 붓을 손에 쥐게 해 드렸더니 '파리 승蠅'자를 쓰시더라고, 그리고 보니 웬 파리 몇 마리가 들어와 윙윙거리고 있어서 파리채로 두드려 잡았더니 그제야 찡그린 얼굴을 밝게 펴시더라는 얘기였다. 그분은 그 후 소일삼아 한자 붓글씨 연습을 계속하여 얼마 후 좌수左手 한문서예 작품 전시회까지 열게 되었다고 한다.

얼핏 생각하기에 '승蠅'자는 획수가 많아 쓰기가 어려울 것 같고 '파리'라고 쓴 한글이 훨씬 기억하기도 쓰기도 쉬울 것 같다. 하지만 뇌를 다쳐 말소리를 인식할 수 있는 기능을 잃어버린 노인에게 '파리'라는 두 글자는 프랑스의 수도 파리인지 더러운 곳에 윙윙거리는 파리인지 글자모양으로는 전혀 구별할 수 없는 소리글자인 반면에, '승蠅'자는 '승'이라고 발음할 수 없는 노인이지만 눈으로 부수글자 '벌레 훼虫'변을 보는 순간 공중에 윙윙거리는 미물微物임을 대번에 짐작하게 해주는 뜻글자인 것이다.

'용 룡龍'자나 '거북 귀龜'자처럼 획수가 많아 복잡해 보이는 글자일수록 뜻은 한 순간에 알아보게 된다. '물고기 어魚' 자를 부수글자로 하여 만들어진 온갖 생선이름들, 잉어, 붕어, 병어, 농어, 방어, 민어, 광어 등등의 한자가 아무리 복잡해 보인다 하더라도 부수글자 '魚'자만 보면 발음이야 어찌하든 몰라도 상관없고 아무튼 우리가 먹는 생선이라는 뜻만큼은 대번에 짐작할 수 있다. 이렇듯 세계에서 유일무이한 뜻글자 한자에 대한 설명을 마지막으로 한 번 더 들어보자.

세계에서 최초로 모습을 드러냈던 문자는 메소포타미아에서든 이집트에서든 중국에서든 모두 뜻글자였습니다. 그런데 나머지 것들은 다 소리글자로 변모되면서 역사 저편으로 사라졌는데 한자는 3천년이 다 되도록 독야청청 호황을 누리고 있습니다. 뭐가 있어도 있어서일 것입니다. (『우리말 산책』, 312쪽)

위 인용문을 읽으며 과연 "뭐가" 있어서일까 하고 곰곰이 생각해 보았다. 아무래도 한자는 뜻글자(ideogram)로서 글자 하나하나가 보는 사람으로 하여금 생각을 깊게 해주고 사고 思考를 불러일으키는 한자 특유의 장점 덕분이 아닐까 한다. 1990년대 몇 해 동안 한국에 체류한 후 한국사회의 이모저모에 대하여 꽤 두툼한 책을 낸 바 있는 프랑스의 여류작가 쥘리에트 모리요(Juliette Morillot)에 따르면, 김일성의 한자폐지 정책은 민족의 주체성을 확립하기 위한 것이었다기보다는 오히려 북한 주민에게 가한 "어마어마한 세뇌洗腦" 교육이었다고 한다. 그런가 하면, 한자는 사고를 유발하는 뜻글자이기 때문에 현대중국어(Mandarin)를 배우면 머리가 밝아진다고 주장하는 신문기사나 소논문도 영어권 인터넷에서 심심찮게 읽어볼 수 있다.

영어는 현대사회의 국제어이니까, 지구촌 수많은 사람들이 공동으로 사용하는 공용어(common language)니까 우리나라에서도 공용어(official language)로 채택해야 한다고 주장하는 사람들이, 共用語의 '共'자와 公用語의 '公'자가 뜻이 서로 다른 글자라는 것을 눈으로 보며 머릿속에서 뚜렷이 구별하여 두 단어의 차이점에 대하여 잠시나마 생각을 해보고 난 후에도 그토록 몰지각한 소리를 줄곧 외쳐댈 수 있을까 싶다.

2) 동양고전/중국고전과 서양고전

상위권 주립대학인 UC(University of California) 계열의 9개 대학보다 아래 수준이라고 하는 캘리포니아 주립대학(California State University), 약칭 CSU로 불리는 대학은 캘리포니아 전체에 20여 개가 있다. 그 가운데 로스앤젤레스 수도권 남쪽 주변도시 도밍게스힐즈Dominguez Hills에 있는 CSUDH의 'Humanities(인문학)' 분과에서 몇 해 전 중국문화와 역사에 대하여 1년 동안 강의를 맡아 한 적이 있다. 날이 갈수록 가속도로 성장하는 중국경제를 지켜보면서 만사를 돈으로 헤아려 짐작하는 나라 미국에서는 중국에 관련된 이런 저런 강좌를 다투어 신설하는 대학이 빠른 속도로 늘어나고 있는데, 이른바 'sinologist(중국학 학자)'는 아직 공급부족 상태인 것 같다. 한자는 1800자 가량 알지만 중국어는 모를 뿐 아니라 전공이 프랑스문학인 나 같은 사람조차 별 문제없이 '잡job' 인터뷰에 통과하여 봄 학기엔 'China and Europe' 이란 제목으로 동/서양 비교문화 강의를, 가을 학기엔 중국사 강의를 하게 되었으니 말이다.

상고시대에서 근대에 이르는 중국역사 강의에서 교재로 쓴 책은 Patricia Ebrey의 *The Cambridge History of China* (Cambridge University Press)이다. 이 책의 설명에 의하면 우리말로 '한자'라 하고 영어로 'Chinese Characters'라고 하는 글자는 약 3,000년 전 중국 상고시대에 만들어진 글자지만, 이를 활용하여 문자문화를 이룩하고 널리 보급한 것은 한漢나라 때의 일이었던 만큼 글자의 명칭도 '漢字', 즉 '漢나라 글자'라고 한다는 것이다. 또한, 고대 중국의 한漢나라는 시대적, 지리적, 문화적 각도에서 여러모로 서양의 로마제국에 비견比肩될 수 있다고 하였다. 나아가 언어문화사적 관점에서 볼 때, 한자문화의 보급은 같은 시대 라틴어문화의 팽창지역보다 훨씬 광범위한 지역으로 퍼져 나갔다고 한다.

서양은 우리가 앞서 제 2장에서 살펴본 바와 같이 로마제국 시대 전체에 걸쳐 그리스어 문화권과 라틴어 문화권이 지중해 동방과 서방을 거의 동등하게 양분하고 있었다. 하지만 그리스어와 라틴어 외에도 이집트의 콥트어, 히브리어, 아르메니아어, 아람어, 시리아어 같은 동방언어와 문자문화가 7세기 후반 아랍어에게 세력을 빼앗기기 전까지는 미력하나마 그리스, 라틴어와 함께 공존하고 있었다. 이에 비하여 같은 시대의 동양은 예맥족, 흉노족, 글안족 등 동서남북에 걸쳐 다양한 민족들이 나름대로 문명사회를 이루긴 했지만 중원中原을 둘러싼 동아시아 전체에 걸쳐 문자라는 문자는 오직 한족漢族이 만들어내고 한漢 왕조 때 널리 보급되었던 글자 한자漢字뿐이었다는 것이다.

이렇게 서양의 중국학자가 지적해 준 역사적 사실이 오늘 우리에게 전하는 내용은 무엇일까? 서양문화의 뿌리는 고전 그리스어요 줄기는 라틴어이며 이 두 고전어는 또한 서양 세계의 학술어로서 오늘도 살아 숨 쉬고 있다는 것을 우리는 앞에서 살펴본 바 있다. 그렇다면 이에 비추어 생각해 볼때 한자는 남의 나라말 현대중국어를 적는 중국글자이기 훨씬 이전에, 중국, 한국, 일본이 주역이 되어 아득한 옛날로부터 오늘도 면면히 이루어 나가고 있는 동양문화의 뿌리인 동시에 줄기라는 것, 또 한자로 기록된 중국고전은 오늘날 중국인, 한국인, 일본인에게 문화적, 학술적 공통분모로서 서양인에게 고전 그리스어와 라틴어를 합쳐 놓은 규모로서의 우리네 동양고전이라는 사실을 쉬이 깨닫게 된다. 이는 엄연한 사실이다. 이 엄연한 사실이 불행히도 우리나라에서는 오해와 편견의 먹구름으로 뒤덮여 있고 무지無知의 안개 속에 가려져 있는 실정이다.

개화기 이후 물밀듯 몰려온 갖가지 서양문물에 휩쓸려 동양고전의 세계로부터 단절되어버린 현상은 오늘 우리 한국의 청장년靑壯年 세대가 처한 상황만은 아니었던 것 같다. 개화기 중국이 낳은 위대한 학자 임어당林語堂(Lin Yutang) 선생도 동양고전으로부터 단절되었던 청소년 시절의 이야기를 후일에 영어로 쓴 책 *The Importance of Living*에다 솔직하게 털어 놓은 바 있다.

임어당 선생은 1895년 중국 남쪽 지방에서 가난한 목사의 아들로 태어났다. 아버지의 뒤를 이어나갈 생각으로, 원래 성직자 양성을 위하여 영국 성공회(Anglican Church)의 주교主敎가 샹하이上海에 설립한 학교 '성 요한 대학(Saint John's

University)'에 진학하여 영어실력을 쌓으며 영어 성경공부에 몰두하였다고 한다. 그 즈음 중국의 그리스도교 신자들은 학문이나 진리 추구보다는 신자수를 늘리고자 전교사업에 전념했던 미국 선교사들의 영향 아래, 동양고전에 대해서는 등을 돌린 채 서양고전도 그저 성경책 하나에만 매달린 형편이었다고 한다. 때문에 청소년 시절 임어당 선생은 중국의 전통 창극唱劇은 구경도 못해본 데다가 '성 요한 대학'에 진학하고서부터는 중국의 민속시가民俗詩歌나 고전문학의 세계에서도 완전히 단절되어버렸다고 하였다. 하지만 후일에 와서 서양학자들이 감탄해 마지않는 빼어난 영어실력으로 수많은 작품을 써낼 만큼 영어를 깊고도 폭 넓게 공부한 그분이, 영어의 뿌리는 고전그리스어요 줄기는 라틴어라는 것, 서양고전(Western Classics)이란 곧 그리스, 라틴어로 이루어진 방대한 양의 문헌이라는 사실을 어찌 꿰뚫어 보지 못했겠는가! 서양고전의 발견은 당연히 동양고전을 되돌아보게 한 계기가 되었다. 동양고전의 세계로 되돌아가게 되었던 이야기를 들려주면서 임어당 선생은 이를 베수비우스 화산의 폭발에 비유하였다. 화산이 폭발하지 않았더라면 거의 2000년 세월 동안 어떻게 변해버렸을지 모를 폼페이Pompeii의 고대 문화유산이 화산 폭발로 인하여 잿더미 아래 고스란히 간직되어 전해진 것과 마찬가지로, 오랫동안 편견과 무지의 안개 속에 가려져 있었던 중국고전의 세계가 어느 날 머릿속에서 솟아난 깨달음 덕분에 안개가 걷히자마자 고스란히 있는 그대로의 참신한 모습으로 눈앞에 다가오기 시작했다는 것이다. ("The missionary college education was my Vesuvius.")

다행히 당시의 중국은 한자를 간체자로 바꾸어버린 모택동毛澤東 치하의 문자혁명이 아직 일어나지 않았던 때였고, 임어당 선생 역시 자기 나라말과 글공부를 게을리하지 않았던 세대였던 만큼 동양고전이라는 방대한 세계 또한 어렵지 않게 섭렵할 수 있었다. 그리하여 공자孔子와 노자老子에 관해서는 물론이요 당나라 때의 여걸 무측천, 송나라 시인 소동파 등등, 동양고전 가운데서도 노른자위로 보이는 내용의 상당량이 임어당 선생의 빼어난 영어실력을 통하여 영어권 세계에 널리 소개되기에 이르렀다. 나아가 20세기에 와서 동양과 서양을 연결하는 교량 역할을 해준 가장 위대한 작가라는 명성을 한 몸에 지니게 되었다.

임어당 선생이 1935년에 출판한 책 *My Country and My People*은 동양고전의 세계에서 단절된 채 영어공부에 열을 올리고 있는 우리 한국의 젊은 세대, 특히 영어권 나라에서 공부하는 유학생들이 꼭 읽어야할 필독서가 아닐까 생각한다. 책의 내용이 말할 수 없이 깊은 것은 물론이요 그 깊이 있는 내용을 써내려 간 영어문장, 즉 영문英文 스타일이 비길

데 없이 재미있으면서도 훌륭하기가 또 이를 데 없기 때문이다. 오늘날 영어권 세계의 인터넷이나 휴대 전화에 오가는 영문을 비유하여 맥도날드 식당에서 순식간에 만든 햄버거라고 한다면, 임어당 선생의 영문을 읽는 묘미妙味는 그분 자신의 표현대로 "중국어 뼈(Chinese bone)"에 붙은 "영어 살코기(English meat)"로 오래오래 고운 진국 설렁탕 맛이라 하겠다. 이 책을 읽으면 동양고전의 골자에 대하여 넉넉히 배울 수 있을 뿐 아니라, 임어당 선생 특유의 재치才致(wit)와 해학諧謔(humor)이 글줄 사이사이에 번득이는 최고급 영문을 소화해낼 만큼 대단한 독해력을 키우게 될 터이니 그야말로 일석이조一石二鳥의 효과를 거둘 수 있으리라고 믿는다.

임어당 선생은 '성 요한 대학'을 졸업한 후 성직자의 길을 포기했을 뿐 아니라 오랫동안 비非그리스도교인(pagan)으로 살다가 만년에 다시 그리스도교의 품으로 되돌아갔다. 그 결과로 탄생한 작품이 *From Pagan To Christian*이다. 이는 우리말로 『이교도에서 기독교도로』라고 번역되어 있긴 하지만, 초등학교에서부터 영어를 배우는 우리 어린이들이 돈벌이 목적의 직업 훈련소 대학이 아니라 학문과 진리를 탐구하고자 대학 문으로 들어서게 되는 날이 오면 사전을 찾아가면서라도 원문인 영어로 읽기를 강력히 권장하고 싶다. 제목만 봐서는 그리스도교인으로 되돌아가게 된 신앙의 여정을 그린 책 같지만, 전체의 4분의 3을 훨씬 웃도는 부분이 모두 중국고전, 즉 공맹사상과 노장사상과 불교에 관한 내용이다. 동양고전의 이해가 서양에서 온 종교를 이해하는 데에 방해가 아니라 오히려 도움이 된다는 것을 쉽고 재미있게 설명해 놓은 책이다.

이 책은 그런 점에서 '완전한 그리스도교인(perfect Christian)'이 되고자 진리 추구를 위하여 길 떠난 영혼에게 그리스/라틴 고전문학(pagan classics) 탐구를 적극 권장했던 뉴만 추기경을 떠올리게 해준다고 하겠다. 존 헨리 뉴만(John Henry Newman, 1801~1890)은 영국성공회 사제 출신으로서 이른바 '옥스퍼드 운동(Oxford Movement)'을 선도先導하여 영국을 비롯한 서양의 지성세계에 지대한 영향을 끼쳤던 인물이다. 현재 옥스퍼드 대학에서 고전 그리스어와 라틴어를 공부하는 젊은 학도들은 오리엘 칼리지(Oriel College)의 채플 Chapel 한쪽에 모셔진 그의 기도실(Newman's Oratory)을 옛날 우리나라 도산서원陶山書院의 유생儒生들이 퇴계退溪 선생의 사당에 참배하듯 오늘도 변함없이 경건한 마음으로 찾아보고 있다.

임어당 선생의 책이 동양고전이라는 탄탄한 바탕을 층층이 다진 다음에 이어나간 서양종교 이야기라면, 설교집(Sermons)을 포함한 뉴만 추기경의 작품은 서양 고전문학이라는 섬세한 피륙 땀땀이 아로새겨진 그리스도교 문학의 자수刺繡라 하겠다. 그리스도교의 정수精髓에 관하여 들려주는 두 분의 이야기에 귀를 기울이고 있노라면 단조로운 찬송가 가락이 아니라 고전문학과 종교가 촘촘한 짜임새의 대위법對位法(counterpoint)으로 서로 화답하며 절묘한 조화를 이루어 나가는 바흐Bach의 칸타타를 듣는 기분에 잠긴다.

중국고전의 세계가 무지無知의 안개 속에 가려져 있기로는 한글세대인 나에게도 예외일 수 없었다. 텔레비전이 없었던 어린 시절 때때로 아버지에게서 '사기열전史記列傳'이나 '삼국지연의三國志演義'에 나오는 이야기를 식구끼리 모여 연속극처럼 들어서 기억하는 정도가 거의 전부였다. 많은 세월이 흐른 후 프랑스에서 공부한 내용이 17세기 문학이었던 관계로, 17세기 프랑스문학은 그리스/라틴 고전문학을 정통으로 이어받았다는 의미에서 '고전주의 문학(littérature classique)'이라고 한다는 것을 배워 알게 되었다. 그리하여 서양고전에 입문함으로써 당연히 동양고전의 세계에도 눈을 뜨게 되었다. 그러나 한학漢學에는 거의 까막눈이었기에 임어당 선생의 작품을 통하여, 그리고 프랑스어 또는 영어 번역과 원문이 함께 실린 대역본對譯本 중국고전문학 선집選集들을 통하여 하나 둘씩 배워 나갈 수 있었다. 기초한자 1800자 정도의 실력에다 손바닥 크기만 한 옥편 하나만으로도 한국인이 중국고전의 세계에 접근하는 일은 한자를 하나도 모르는 서양인의 처지에 비하면 큰 어려움 없이 쉬이 헤쳐 나갈 수 있는 길이었다.

동양고전과 서양고전, 다시 말하면 고대 중국의 주周나라에서 한漢나라 때까지를 고대 그리스 및 로마 시대에 비견하여 훑어본다고 할 때, 기라성처럼 빛나는 문필가 가운데 여기 지면상 딱 한두 사람만 예시하라고 한다면 동양에서는 『사기史記』의 저자 사마천司馬遷을 빼놓을 수가 없을 것 같다. 우리 동양인에게 사마천司馬遷은 서양인에게 헤로도투스 Herodotus와 플루타크Plutarch를 합친 만큼의 인물이라 아니할 수 없기 때문이다. 서양에서는 영어로 버어질Virgil/Vergil, 프랑스어로 비르질Virgile, 독일어로 페르길Vergil이라고 하는 로마 시대의 시인 베르길리우스Vergilius를 으뜸으로 꼽을 수 있겠다. 그는 오늘날 고전어학자(classicist)가 아니더라도 시詩와 문학을 사랑하는 서양인이라면 예외 없이 자기네 나라 시인들 모두에게 2천년 세월의 물결 따라 굽이굽이 영감靈感을 부어준 시인으로 추앙받는 인물이었다고 하겠다.

동서양을 막론하고 고전古典(classics)이란 "어린 백성"을 위한 것이 아니라 고전어 내지 고문古文을 배워 익힌 글방 선비들의 세계임은 두말할 필요가 없다. 한데, 서양고전어를 적었던 그리스 글자나 로마자는 둘 다 소리글자이기 때문에 고전 그리스어와 라틴어 어휘는 영어, 프랑스어, 독일어, 등 현대 유럽 언어 속에 엄청난 숫자로 들어오게 되었지만 각 나라 음운音韻 규칙에 맞추어 제각기 조금씩 달라진 철자로 바뀌어져 있다. 이에 비하여 동양의 그리스/라틴어 격인 한자는 뜻글자이기 때문에 중국, 한국, 일본에서 각각 다르게 읽히지만 글자의 모양과 뜻은 예나 지금이나 고스란히 그대로인 것이다.

그러나 한자는 모택동毛澤東 치하의 중국에서 "어린 백성"을 위한답시고 간체자로 바뀌어버리는 문자혁명을 겪고 말았나 하면, 북한에서는 한때 깨끗이 쓸어 폐기 처분했다가 1968년에 다시 김일성의 지시로 한자교육을 의무화하였다고 한다. 하지만 신문잡지를 비롯하여 일상생활에서 쓰지 않기 때문에 학교라는 상아탑 속에 갇혀 있는 실정이라고 하겠다. 남한에서도 날이 갈수록 드세어진 한글전용의 바람을 타고 한자문맹의 대량생산이 초래되었다. 그래도 동양의 그리스/라틴어로서의 한자와 한자문화는 한자漢字의 일본 발음 'kanji'라는 이름으로 일본에서 지속적으로 꽃피고 있을 뿐 아니라 일본어를 통하여 전 세계로 퍼져 나가고 있다. 앞서 제2장에서 언급했던 바, 서양고전문학총서로서 영국의 'OCT', 독일의 'Bibliotheca Teubneriana', 프랑스의 'Budé 총서'에 버금가는 한학漢學 연구총서가 일본에서 이루어지고 있다는 사실은, 한자가 한국과 중국에서 당한 몰이해와 몸살에 비추어 생각할 때 더더욱 놀라운 일이다.

먹고 사는 일 때문에 허덕이며 가난했던 시절도, 군정軍政의 시퍼런 서슬 아래 생각의 자유가 옥죄이던 시절도 다 지나가버린 지금은 우리가 무엇보다도 동양고전의 세계로 눈을 돌려야 할 때가 아닐까 생각된다. 우리의 선현先賢들이 이루어 놓은 전통문학과 단절된 현실을 자각하고 한자에 대한 오해와 편견에서 벗어나 하루라도 빨리 고전의 뿌리로 되돌아가려는 노력이 오늘 우리네 학계와 교육계의 당면과제라고 하겠다.

3) 중국 인명/지명의 한글표기

앞에서처럼 林語堂을 '임어당'이라고 쓰고, 毛澤東을 '모택동'이라고 쓰면 '흔글/도구/맞춤법'이 나서서 또 빨간 줄을 좍좍 그어 댄다. "사전에 없는 낱말이거나 맞춤법이 틀렸다"고 계속 헛소리 해대는 '맞춤법 도구'는 아예 상대하지 않기로 작정하고 인터넷 백과사전 '위키피디아wikipedia'로 들어가 보았다. '임어당'의 로마자 표기 'Lin Yutang' 항목에서 '한국어'를 클릭해보니 '린 위탕(林語堂)'이라고 표기되어 있다. 린 위탕이 태어난 곳은 푸젠성(福建省) 룽치(龍溪)라 하고, 그

가 영어선생으로 일했던 학교는 베이징칭화학교(北京淸華學校)
라고 한다.

서양에서 공자孔子를 Confucius, 맹자孟子를 Mencius라고 라
틴어 식으로 옮겨서 표기하는 데에는, 동양고전에서 으뜸으
로 꼽는 두 인물의 칭호 및 그 뜻글자가 나타내 주는 막중한
의미의 무게를 소리글자 로마자에도 실어내고자 하는 강한
의지가 깃들어 있다. 거꾸로 우리나라에서는 동양학에 관한
어떤 책에서 난데없이 '콩쯔', '멍쯔' 하면서 개 짖는 소리 같
은 난센스가 80년대 후반부터 시작되었다. 다행히 2004년에
초판이 나온 신영복 선생의 『강의, 나의 동양고전 독법』에는
개화기 전까지의 중국인명과 지명은 모두 우리가 여태껏 해
오던 발음 그대로 표기되어 있다. 그러나 毛澤東은 역시 '마오
쩌둥'이고 나머지 현대중국 인명도 모두 "현대식으로" 적힌
것을 보면 동양고전을 강의하는 대학교수라 해도 대세大勢를
거스를 수 없는 형편인 것 같다.

서양고전에 입문함으로써 동양고전에 눈을 뜨게 된 이야기
에 뒤이어, 중국 인명/지명의 현행 한글표기가 안고 있는 문
제점에 대해서도 서양의 경우에서 예를 들어 설명하지 않을
수 없는 오늘의 현실이다. 독일 라인강변에 있는 도시 쾰른
Köln을 프랑스사람들은 꼴로뉴Cologne라고 한다. 영국에서
는 프랑스식 철자를 그대로 받아들여 Cologne이라고 적고 발

음은 영어식으로 '콜로운'이라고 한다. 같은 도시를 두고 세 나라에서 철자법도 발음도 각각인 이유는 간단하다. 1세기 중엽 로마사람들이 이주하여 살았던 로마의 식민지라는 뜻의 라틴어 'Colonia'가 쾰른의 원래 이름이기 때문이다. 이는 일본의 수도 東京(동경)을 일본사람들은 '도오꾜오'라고 읽고 중국에서는 중국식 발음에 따라 '뚱찡'이라고 발음하는 것과 조금도 다르지 않은 현상이다. 한자는 뜻글자이기 때문에 발음은 시대와 지역과 나라에 따라 각각 다르지만 글자 모양은 예나 지금이나 한 가지뿐이다. 이에 비하여 로마자는 소리글자이기 때문에 시대와 나라가 바뀜에 따라 각 나라말의 음운 구조에 맞는 소리와 철자로 조금씩 달라지게 마련이다. 그러므로 영국의 런던London을 프랑스에서는 '롱드르Londres'라고 하고, 탬즈Thames강은 '따미즈Tamise'라고 한다. 프랑스의 수도 빠리Paris를 미국 사람들이 '패리스'라고 발음한다는 것은 우리나라에도 잘 알려진 사실이다.

고대 그리스/로마 시대로부터 오늘까지, 많고 많은 유럽 인명/지명의 철자와 발음이 각 나라말에 따라 제각기 다르게 적히고 들리는 사실에 관하여 일일이 예를 들자면 여기 지면이 턱없이 모자랄 뿐이다. 서양 사람들에게 이는 지극히 당연한 이치요 순리로서 누구나 기초 중의 기초로 알고 있는 음운현상이다. 독일이 자랑하는 음악가 요한Johann 제바

스챤Sebastian 바흐Bach를 프랑스에서는 쟝Jean 세바스티앙 Sebastian 바크Bach라고 조금 다르게 적고 발음한다고 해서, 이를 두고 프랑스에다 대고 불평하는 독일인이 있으리라고 는 감히 상상도 할 수 없는 일이다. 'T/t'자 같은 자음이 단어 끝에서 묵음默音이 되어버리는 프랑스어 음운현상에 따라 프 랑스 사람들이 '모자-르Mozart', '슈베-르Schubert'라고 발음 한다고 해서, 이를 두고 프랑스에다 대고 자기네 나라 음악 가 이름이니 발음 좀 똑바로 해달라고 항의하는 오스트리아 사람이 있다면 그는 천하에 다시없는 무지막지한 무식쟁이 로 취급될 것이다.

이처럼 로마자를 쓰는 유럽 여러 나라말에 공통된 음운현 상을 우리 동양의 한자 문화권에 옮겨서 살펴보자. 일본 사 람들이 '漢字'라고 적고 '칸지kanji'라고 발음하듯 '毛澤東'이 라고 적고 '모타쿠도오motakudoo'라고 발음한다고 해서, 중 국 사람들이 일본에다 대고 불평하는 일은 절대로 없다고 한 다. 또, '豊田'이라고 적고 일본식 훈독訓讀에 따라서 '토요타 toyota'라고 하는 자동차를 두고 전全 세계 사람들 모두가 '토 요타'라고 하든 말든 중국 사람들은 반드시 자기네 식 음독音 讀에 따라 'feng-tian'이라고 발음한다. 그런다고 일본 토요타 회사에서 중국에다 대고 항의하는 일도 없고 일본식 발음을 하라고 억지를 부리지도 않는다.

그런데 우리는 어찌 하고 있나? 여태껏 우리끼리 편하게 '모택동毛澤東'이라고 하다가 어느 날 갑자기 '마오쩌둥'으로 둔갑시켜버린 현상은 무엇으로 정당화될 수 있는 것인지 짐작하기가 좀 아리송하다. 미국 가서 '오렌지'라고 하니 못 알아듣더라고 원음에 맞도록 한글표기를 뜯어고쳐야 한다고 덤비던 이들처럼 좁은 소견으로, 중국 가서 '모택동'이라 하니 못 알아듣더라고 중국 원음에 맞게 적으라고 '마오쩌둥'이 되었단 말인가? 표준 중국어 발음의 4성聲 표시가 없는 한글표기로 '마오쩌둥'이라 한들 중국 사람들의 귀에 원음처럼 들릴 법이나 한가?

양자강揚子江 서쪽 지방의 행정구역이기에 '강서성江西省'이라 하고, 황하黃河의 북쪽이기에 '하북성河北省'이고 남쪽이기에 '하남성河南省'이라고 하던 오래고 오랜 우리식 중국지명 표기를 '한글사랑 나라사랑' 한답시고 한자를 싹 없애버리고는 '장시성', '허베이성', '허난성'으로 바꾸어 버렸다. 그리하여 글로벌 시대에 발맞춘답시고 "모던modern"하게 개정된 중국지명의 한글표기는 이미 심각해진 한자어, 외래어, 순수 우리말의 뒤범벅 현상을 더욱 더 갈피를 못 잡게 헝클어 놓고 있다.

여태 '북경北京'이라고 하다가 최근에 '베이징'으로 바뀐 것은 또 무엇으로 설명될 수 있을 것인가? 이는 아마도 표준 중국어 '만다린(Mandarin)'의 공식公式 로마자 표기법인 '핀인Pinyin'에 따라 'Beijing'이라고 쓴 것을 영어권 사람들이 읽는 그대로 비슷한 소리의 한글로 옮겨 적은 표기라고 짐작된다. 하지만 Pinyin의 'b'음은 영어의 유성자음 'b'와는 사뭇 다른 무성자음이다. 오히려 우리말의 쌍비읍에 가까운 소리이기 때문에 '뻬이찡'이라고 하는 편이 원음에 훨씬 가까운 표기이다. 그런데도 '베이징'을 고수하는 이유는 무엇인가? 이 또한 우리말의 뿌리와 우리 문화의 전통에는 등을 돌린 채 하나에서 열까지 미국 사람들이 하는 대로만 뒤쫓아 가느라고 허둥대는 우리나라 교육 행정의 줏대 없는 문자정책 탓이 아니고 무엇이랴.

4) 현대 중국어와 중문中文

영어로 적힌 글을 영문英文이라 하듯이 중국어로 적힌 글은 중문中文이라고 한다. '英文'은 흔글에서 '한자로 바꾸기'를 클릭하면 곧장 뜨는 한자어 4개 중에서 해당 단어를 선택하면 된다. 하지만 '中文'은 아직 두 자로 된 한자어로는 입력이 되어 있지 않기 때문에 '중'자 따로 '문'자 따로 찾아서 일일이 하나씩 입력해야 한다. 게다가 '도구/맞춤법'이 나서서 또 빨간 줄을 그으며 "사전에 없는 낱말이거나 맞춤법이 틀렸다"고 일러주기까지 한다.

미국이나 유럽에서 돈이 필요하여 은행 바깥벽에 설치된 현금 입출기계에다 현금 카드를 밀어 넣으면 우선 현지 언어로 "고객이 원하는 나라말을 선택하라"는 지시와 함께 7,8개국 나라말의 이름이 각 나라에서 사용하는 문자로 뜬다. 로마자로 적힌 영어, 프랑스어, 독일어, 스페인어, 이탈리아어, 다음으로 키릴문자로 적힌 러시아어, 아랍문자로 적힌 아랍어, 다음으로는 중국어라는 뜻으로 '中文'이 한 자리를 차지하고 있다. 온라인 백과사전 '위키피디아Wikipedia'에서 화면 왼편에 알파벳순으로 줄줄이 뜨는 갖가지 나라말 리스트의 마지막 자리도 '中文'이란 두 글자가 차지하고 있다. '한국어'는 'H'자 항에 들어 있고 '日本語'는 일본식 발음 'nihongo'에 의거하여 'N'자 항에 들어 있는데, '中文'이 맨 끝자리를 차지하는 이유는 한자가 뜻글자이기 때문에 알파벳 소리글자로는 분류될 수 없는 까닭에서일 것이다. 물론 가장 최근에 'Wikipedia'에 들어온 다른 지역어의 이름이 한두 개 정도 '中文' 아래에 보일 때도 있긴 하다.

중문中文에 사용된 글자는 물론 한자漢字이긴 하지만 모택동毛澤東 정부가 1955년에 개혁을 단행한 간체자(simplified characters)이다. 이는 지금 우리의 소관所管이 아니라 현대 중국어를 구사하는 사람들, 그리고 중국어를 공부하는 외국인이 배우고 익힐 일이다. 또한 간체자를 반대하다 끝내 자결까지 한, 순국의사殉國義士인지 순문열사殉文烈士라고 해야 할 인물이 있었을 정도로 극심한 논쟁을 불러 일으켰던 문자개혁이긴 했지만 우리에겐 그저 이웃 나라 역사의 한 페이지로서 그 이상도 이하도 아니라고 하겠다.

중국정부는 간체자 개혁에 이어 1958년에 중문中文을 표준 중국어 발음에 따라 로마자로 표기한 '핀인Pinyin(拼音)'을 제정하고 반포하였다. 이 또한 많고도 많은 논란을 불러일으킨 바 있었으나, 오랫동안 주음부호注音符號로만 버텨 왔던 대만臺灣(Taiwan)에서마저 2009년에 드디어 Pinyin을 공식적으로 받아들였다고 하니 모택동毛澤東과 장개석蔣介石이 저승에서 화해하지 않았나 싶다. *The Story of Writing*의 저자 Andrew Robinson의 설명에 따르면 모택동毛澤東은 정권을 잡기 전 1936년에 벌써 한 미국 기자에게, 한자는 "어린 백성"이 배우기에는 너무 어려운 글자이기 때문에 중국의 인민대중 모두가 참여할 새로운 사회문화를 창조하기 위해서는 한자를 버리고 로마자 표기를 채택해야 하리라고 예언했다는 것이다. 이제 우리나라에서도 '흔글'의 '자전 보이기' 기능을 포함하여 웬만한 한한漢韓사전에는 한자의 중국식 원음이 4성聲 표시와 함께 Pinyin으로 표기되어 있다. Pinyin에 대해서도 영문 Wikipedia에 들어가면 아주 상세한 설명을 읽을 수 있으므로 영어실력에 컴퓨터만 있으면 편리한 세상이라고들 하는 말에는 이의를 제기하지 않겠다. 나아가 Pinyin은 중문中文을 컴퓨터에 입력하는 방식으로 채택된 이후 휴대전화의 문자 메시지 전달에 폭발적인 인기를 누리고 있다. 다만 수많은 중국인이 Pinyin을 너무나도 애용한 나머지 한자를 잊어버리게 되어 간체자조차 종이에다 손으로 쓰려면 제대로 써지지가 않는다는 신문기사를 얼마 전 '로스앤젤레스 타임즈'에서 읽었다. 이 또한 우리가 걱정할 일은 아니겠지만 엊그제 화해했다고 생각되었던 저승의 모毛선생과 장蔣선생의 사이가 또다시 틀어져 버린 것 같아 씁쓸한 기분이 든다.

다시 Andrew Robinson의 설명에 의하면 현대 중국어는 8개의 지역어(regionalect)로 나뉜다. 영어로 '만다린Mandarin'이라 하는 표준 중국어, 샹하이上海 지역의 오어吳語(Wu), 홍콩 Hong Kong을 포함하는 광동廣東 지역의 오어奧語(Cantonese), 이렇게 3개 지역어만 두고 생각해 볼 때, 이들 사이의 관계는 같은 로마자를 쓰는 영어, 독일어, 네델란드어에 비견될 수 있다고 한다. 또 같은 표준 중국어 안에서도 북경北京지방말과 남경南京지방말의 관계는 영국영어와 미국영어의 관계와 비슷하다고도 한다. 그러나 광활한 땅 중국에 8개나 되는 지역어라 하지만, '보통화普通話(Putonghua)'라는 이름 아래 말 그대로 널리 보급되어 통용되고 있는 표준어 '만다린'을 제외한 나머지 7개 지역어는 글로벌 시대를 맞이한 오늘날 '만다린'의 발음을 기준으로 만들어진 'Pinyin'의 막대한 세력에 밀려 점점 잊혀져가는 길로 이미 접어들었다고 한다.

내가 미국에서 10년 너머 몸담게 된 학교 Long Beach City College의 중국어 교수이자 영문학 박사인 장성태張盛泰(Sheng-Tai Chang) 선생님 덕분에 현대 중국어 어휘구성에 대하여 아주 흥미로운 사실을 알게 되었다. 그 내용을 소개하자면 다음과 같다. 현대 중국어 어휘는 크게 세 갈래로 나눌 수 있다고 한다. 첫째는 중국 고전에서 유래하였으며 시대의 흐름에 따라 조금씩 달라진 낱말무리이다. 예를 들어 『논어論語』에 나오는 '붕朋'자는 '벗, 친구'라는 뜻으로서 같은 의미의 현대 중국어 'peng-you朋友'의 조상이라는 것이다. 둘째는 현대에 와서 새로이 만들어진 낱말무리인데 일상생활에서 흔히 볼 수 있는 구체적 물질명사들이 대부분이라고 한다. 이 두 번째 무리 가운데는 한자로는 우리말과 같은 글자이지만 뜻이 전혀 다른 낱말이 더러 있다. 가령 'qi-che 汽車'는 한국어로 '자동차'의 뜻인 반면에, 한국어 '기차汽車'에 해당하는 중국어 단어는 'huo-che火車'라고 한다. 셋째는 학술 어휘로서 대부분이 서양에서 건너온 다양한 개념의 추상명사들이라는 것이다. 서양 고전어, 즉 그리스/라틴어에서 유래한 단어가 대다수를 차지하는 이 세 번째 갈래의 어휘에 있어서는 일본학자들이 한자漢字, 즉 'kanji'를 사용하여 일본어로 번역해 놓은 단어들을 그대로 현대 중국어의 한 식구로 받아들였다는 것이다. 이 세 번째 무리에 속하는 어휘의 예를 들자면 중등교육 과정에서 배우는 교과목 이름들, 수학數學, 과학科學, 물리物理, 화학化學, 생물生物, 등등, 헤아릴 수 없이 많다는 것이다. 대강 이와 같은 이야기를 듣고는 참으로 놀라지 않을 수 없었다. 어린 시절 학교에 다닐 때는 모두가 물리, 화학, 생물이라고 해서 그냥 그런 줄 알았지 그 모든 학과목 이름이 19세기 후반에서 20세기 초반에 이르도록 일본학자들이 애써 일한 노고의 결실인 줄은 정말이지 예전엔 미처 몰랐기 때문이다.

세계 언어와 문자의 상관관계 속에서 우리말, 우리글의 좌표를 찾아 멀리 서양에서 시작하여 이웃나라 중국에까지 살펴본 지금, 이제 다음 단계로 동양에서는 가장 먼저 서양을 향하여 문을 열었던 나라 일본으로 방향을 돌려야 하겠다. 그리하여 개화기 이후 서양에서 건너온 갖가지 개념과 학술 어휘를 일본학자들이 어떻게 번역하였기에 한국은 물론이요 중국에서까지 아무런 논란 없이 그대로 받아들이게 된 것인지 알아보고자 한다.

5. 일본어와 일본글자

1) "세계에서 가장 복잡한 글자"

앞서 여러 차례 언급했던 바와 같이 이 글을 쓰는 데 요긴하게 참고가 되어준 책은 영국학자 Andrew Robinson의 *The Story of Writing*이다. 역사의 저편으로 사라져버린 글자에서 시작하여 현재 세계에서 통용되고 있는 글자 모두에 대해 하나하나 차근차근 설명해 온 저자는 마지막으로 일본어를 적는 글자체계를 가리켜 "세계에서 가장 복잡한 글자(the most complicated writing in the world)"라고 하였다. 그런데 세계에서 가장 복잡한 글자를 읽고 쓰는 나라 일본에는 문맹률이 거의 0%에 가까운데 비하여, 쉬운 알파벳 글자를 사용하는 서양 여러 나라에는 글을 제대로 읽거나 쓸 수 없는 사람들이 아직도 많다는 사실을 흥미로운 점으로 지적하였다. 또한, 일본의 문화는 글자의 복잡성에도 불구하고 그 복잡다단한 발판을 딛고 화려하게 꽃피고 있다는 점도 이와 함께 생각해 볼 문제라고 하였다.

일본어는 우리 한국어와 가장 가까운 말이다. 발음, 즉 음운론音韻論에서는 상당한 차이가 있다고 할 수 있지만 어휘 면에서나 문장 면에서 볼 때 서로 완전히 일치하거나 유사한 점이 서양말이나 중국어와는 비교할 수 없이 많다. 하지만 이웃나라 일본과 우리의 관계는 가까운 사람들끼리 가까이 살며 서로 부대끼다보니 원수처럼 되어버린 것인지, 무엇이든 일본에 관하여 이야기를 꺼내려고 하면 냉철한 생각보다는 감정이 앞서는 경우가 많다. 아무튼, 말이라는 관점에서 볼 때엔 분명히 우리말과 가장 가까운 외국어인데 그 일본말을 적는 글자는 "배우기 쉽고 쓰기 쉬운 한글"과는 달리 "세계에서 가장 복잡한 글자"라고 하니 과연 그토록 복잡한 글자체계인지, 또 어느 정도로 어떻게 복잡한지 한 번 자세히 들여다보고자 한다. 그러므로 이는 절대로 감정이 개입할 문제가 아닌 만큼 우리는 어디까지나 배우려는 입장에서 모름지기 학문적 객관성을 잃지 말아야 하겠다.

일본어는 입으로 말하고 귀로 듣는 언어로서는 하나이지만, 손으로 쓰고 눈으로 읽는 글로서는 세 가지 글자를 두루 섞어 쓰고 있다. 한 가지 말에 세 가지 글자로 된 언어라고 해도 좋겠다. 세 가지 글자란 곧 '히라가나hiragana'와 '가타카나katakana' 그리고 '칸지kanji(漢字)'를 말한다. '히라가

나'니 '가타카나'니 '칸지'니 하는 일본어문의 한글표기는 앞서 '로마자의 한글표기'에서 언급했던 바와 같이 원음과 대강 비슷한 소리를 내는 우리글자로 적었을 뿐, 일본말 원음과 똑같은 소리는 물론 아니다. 한데, 로마자는 영어 덕분에 우리 국민 대다수에게 낯익은 글자가 된 지 오래지만—그래서 그런지 로마자를 두고 영문英文이라고 하는 사람들이 우리나라엔 너무도 많지만—일본글자 '카나kana'는 일본과의 얽히고설킨 역사 때문이겠지만 로마자에 비하면 훨씬 덜 알려져 있다. 그러므로 우리의 독자 대다수가 읽을 수 없는 일본글자 및 한자의 일본식 발음을 엇비슷한 소리의 한글로 표기하는 것보다는 우리에게 낯익은 문자일 뿐 아니라 국제적으로도 널리 알려진 로마자로 대치하는 편이 나을 것 같다. 따라서 앞으로는 '히라가나'니 '가타카나'니 '칸지'니 하는 대신 hiragana, katakana, kanji라고 적기로 한다. 이는 또한 오래 전에 공식화되고 일반화된 '일본어의 로마자 표기법'에 따른 것일 뿐 아니라, 일본의 인명이나 지명에 관하여 알아보고자 할 때 온라인 백과사전 'wikipedia'에 검색어로 입력하는 철자법이기도 하다.

일본어는 우리 한국어와 함께 알타이Altaic 어족語族에 속한 언어로서 일본글자 kana도 한글처럼 소리글자이다. 마찬가지로 일본도 중국글자를, 좀 더 정확히 말하자면 서력기원전 1200년경 중국 상고시대에 만들어지기 시작하여 한漢나라 때 정립되고 보급되었다 하여 한자漢字라고 불리는 글자를 빌려 쓸 수밖에 없었던 우리와 같은 처지였다. 그러나 일본은 7세기경 뜻글자 한자를 빌려 쓰기 시작한 지 얼마 지나지 않아서 일본음운에 맞는 소리글자 kana를 만들기 시작하였다. 최초의 일본어문서로 알려진 'Kojiki(古事記)'의 완성연대는 712년이라고 하니 우리 선조들이 이두문자를 만들어 썼던 통일신라시대에 해당한다. 세계 각국의 말과 글에 관한 온라인 백과사전 'Omniglot'에 따르면 우리의 이두吏讀 및 구결口訣이 일본글자 kana의 기본모형이 되었을 것이라고 한다. 'Kojiki'의 본문은 위에서 아래로, 오른쪽에서 왼쪽으로 써 나간 한문漢文이지만 각각의 한자 오른 편에 아주 자잘한 글씨로 된 katakana가 왼쪽 한자의 음을 당시 일본식 발음으로 표시해 주고 있다. 일본 최고最古의 문서 'Kojiki'가 말해주듯이 katakana가 먼저 만들어졌고 hiragana도 뒤따라 완성되었다고 한다. 글자가 성립되던 8세기에는 두 가지 kana에 각각 50자씩, 곧 100자나 되는 일본글자가 존재했으나 몇몇 중복되는 소리의 글자는 현재 쓰이지 않게 되었다. 따라서 현대 일본어를 배우는 학생은 hiragana 46자, katakana 46자를 우선적으로 익혀야 한다.

일본글자 kana는 한글보다 약 700년 전에 만들어지기 시

작했다는 사실, 다시 말해서 시기적으로 먼저라는 점을 제외하면 한글에 비하여 훨씬 열등한 글자라고 하겠다. 우선 한글은 자음子音(consonant)과 모음母音(vowel)이 뚜렷이 구분되는 자모字母문자일 뿐 아니라 세종대왕의 머릿속에서 만들어진 뛰어난 발명품이다. 이에 비하여 일본글자 kana는 음절문자인 한자를 바탕으로 획수를 줄이거나 글자모양을 이리저리 바꾸어 쓴 결과에 지나지 않기에 소리글자이긴 하지만 자음과 모음이 구분되지 않는 음절문자(syllabary)이다. hiragana는 한자의 획수를 줄이면서 행서行書처럼 둥글게 흘려 쓴 글씨체이고 katakana는 모나게 쓴 글씨체이다. 예를 들면, '말 마馬'자에서 만들어진 hiragana의 'ま'자는 '말(horse)'이라는 뜻과는 아무 관계없이 그저 '마'라고 읽히는 소리글자이다. 한글 '마'는 자음 'ㅁ'과 모음 'ㅏ'로 구분할 수 있지만 일본글자 'まま'는 더 이상 쪼개지지 않는 음절문자이다. 마찬가지로 katakana도 한자에서 출발하여 때로는 왼쪽이나 오른쪽, 아래쪽이나 위쪽의 부수글자만을 취하기도 하고 때로는 획수 한 둘을 줄여 만든 것이다. 예를 들어 '털 모毛'자에서 만들어진 katakana의 'モ'자는 '털'이라는 뜻과는 상관없는 소리 '모'이고, 'イ'자 역시 어조사語助辭의 하나인 '이伊'자에서 오른쪽 부분은 떼어버리고 왼쪽 부분만을 취하여 만들어진 소리글자 '이'이다.

일본글자 kana는 한자의 그늘에서 자라난 글자라고 해도 좋겠다. 한자를 일컬어 일본말로 'mana眞名' 곧 진짜 글이라 하고 'kana假名'는 지금도 여전히 가짜 글이라는 명예롭지 못한 이름표를 달고 있다. 이는 마치 이조시대의 사대부들이 한문은 '진서眞書'라고 하여 높이 추겨 세운 반면에 한글은 '언문諺文'이라고 낮추어 부르던 것과 다를 바 없다고 하겠다. 아득한 옛날부터 있었던 일본 토박이 말, 즉 자기네 고유어固有語인데도 이미 8세기경에 만들어진 글자 kana로 적지 않고, 뜻과는 상관없는 한자를 끌어다 쓰고는 일본발음으로 읽는 글자가 한 둘이 아니다. 어떻게 보면 한자를 일본어에다 끼워 맞추었다고 하겠다. 일례를 찾아보자. 현대 영어의 한 단어로서 이미 각종 영어사전에 들어와 앉아 있을 정도로 세계에 널리 알려진 일본 고유어 'sushi'가 무엇보다 좋은 예이다. 원래 토박이 일본말인 'sushi'를 hiragana로 적지 않고 '壽司'에서 출발한 일본식 약자 '寿司'라고 적은 음식점 간판이 일본은 물론이요 세계 곳곳에 즐비하다.

한글은 15세기 중엽에 창제, 반포되고 나서도 사대부들의 끈질긴 반대로 인하여 이조 500년 내내 "어린 백성" 내지 여자들이나 쓰는 글자로 업신여김을 당하였다. 8세기 초엽에 만들어지기 시작했다는 일본글자도 오랫동안 식자층에게보다는 한문 실력이 짧았던 여자들에게 더 많은 인기를 누렸다고 한다. 오늘날 일본이 세계에 자랑하는 고전문학작품 『Genji源氏 Monogatari物語』는 Murasaki紫 Shikibu式部라는 필명筆名의 여류작가가 11세기 초엽에 hiragana로 쓴 방대한 소설이다. 일본의 고등학교 학생이라면 누구나 빼놓지 않고 배우는 고전문학 발췌문 중에서도 으뜸 자리를 차지하는 일본 최초의 소설 『겐지 이야기』는 이미 영어, 프랑스어, 독일어 등 세계의 주요언어로 번역되어 있다. *The Tale of Genji*라는 제목의 영어번역본만 해도 매우 다양한데, 6권으로 완역된 바 있는 초기 영문번역의 출판년도가 1933년이라고 하니 꽤 오래 전 일이다. 아무튼 『Genji Monogatari』나 저자著者 Murasaki Shikibu에 관해서도 온라인 백과사전만 클릭클릭하면 갖가지 정보가 수두룩하게 쏟아져 나오는 오늘의 세상이니만큼 더 이상 긴 말이 필요 없게 되었다. 다만 일본글자의 내역에 관하여 오늘 우리의 문자생활과 비교하며 살펴보는 견지에서 결코 간과하지 말아야 할 점이 있다고 생각하기에 이를 다음과 같이 정리해본다.

일본글자 kana는 한자의 그늘에서 빛을 보지 못하고 한자 곁에서 더부살이하던 천년 너머 긴 세월 동안 오히려 한자라는 문화적 뿌리와 줄기에 단단히 매달림으로써 빛으로 향한 돌파구를 찾지 않았나 생각된다. 무릇 어느 나라말이든지 언어학적으로 논論할 때는 음운론音韻論(phonology), 어형론語形論(morphology), 통사론統辭論(syntax), 이렇게 셋으로 나누어 생각할 수 있다. 어려운 전문용어를 피하고 좀 더 쉽게 말하자면 음운론은 발음에 관하여, 어형론은 어휘(vocabulary)의 형성에 관하여, 통사론은 문장의 구조에 관하여 캐고 따지고 이야기하는 것이다. 한국어와 마찬가지로 일본어는 발음이나 문장의 구조로 볼 때 중국어와 전혀 다른 계통의 말이다. 그러나 역시 한국어와 마찬가지로 어휘의 형성 면에서 볼 때는 엄청난 숫자의 한자어가 일본어 어휘의 근간根幹을 이루고 있다. 따라서 우리말과 마찬가지로 일본어 어휘도 크게 세 무리(group)로 나누어지는데, 곧 고유어固有語와 한자어漢字語와 서양에서 건너온 외래어外來語이다. 현대 일본어는 세 가지 글자를 두루 섞어 쓴다고 위에서 언급했었는데, 그 이유는 세 가지 다른 무리의 어휘를 각각 세 가지 다른 글자로 적기 때문이다. 고유어, 특히 우리말 '은/는, 이/가, 과/와, 을/를, 의, 에서, 에게' 등등에 해당하는 조사助辭 및 활용된 동사動詞의 어미語尾는 hiragana로 쓰고 한자어는 kanji로 서양외래어는 katakana로 쓴다. 위에서 예로 든 sushi의 경우처럼 예외가 없다고는 할 수 없지만, 일본어라는 하나의 언어를 적는 세 가지 문자를 두고 그리스도교에서 소위 말하는 '삼위일체三位一體(Trinitas)'에 빗대어 '삼문일어三文一語(trigraphia)'라고 해도 표현에 크게 무리가 없을 성싶다.

hiragana와 katakana는 소리글자이기에 각기 46개의 글자만 익히고 나면 어렵지 않게 읽어나갈 수 있다. kanji는 물론 한자漢字의 일본식 발음을 로마자로 적은 것이다. 그런데 일본어는 kanji를 읽는 방식이 우리말에서처럼 단순하지가 않다. 예를 들어 '해海'자를 적어 놓고 '바다'라는 뜻의 일본말 'umi'라고 읽는가 하면, '해수海水'라고 적혔을 때는 'kai sui'라고 읽는다. 이를 정리해 보면 한자를 일본식 음으로 읽는 음독音讀과 일본어의 뜻으로 읽는 훈독訓讀, 이렇게 두 가지 '한자 읽기(kanji reading)' 방식이 있다는 것이다. 하지만 문맥에 따라 kanji 한 글자가 서너 너덧 가지로 다르게 읽히는 경우도 적지 않다. 게다가 어느 경우에 '음독'을 하고 어느 경우에 '훈독'을 하는지 뚜렷이 정해진 기준이 없다는 것이 또한 우리말과 다른 일본말의 특색이라고 한다. 따라서 고등교육을 받은 일본 사람이라고 하더라도 낯선 인명人名이나 지명地名이 kanji로 적힌 글을 대하면 눈으로 읽을 수 있고 머리로 뜻을 짐작할 수도 있고 손으로 베껴 쓸 수도 있지만 소리 내어 읽을 수는 없는 경우가 적지 않다고 한다. 서양의 학자가 일본글자를 가리켜 "세계에서 가장 복잡한 글자"라고 하는 이유가 바로 여기에 있다. 그런데, 이렇듯 서양 사람들의 눈에 복잡하고 어려운 글자체계로 보이기 훨씬 전에 일본인들 자신이 먼저 이 골칫거리를 붙잡고 이리 저리 해결책을 궁리하며-'약속의 땅'에 발을 딛기까지 오랜 세월을 광야에서 헤매어야 했던 이스라엘 백성처럼-거의 40년 세월을 헤맸다고 한다. 여기 40년이란 대략 1870년에서 1910년까지를 뜻한다. 때는 "bummei文明 kaika開化"의 기치 아래 서양을 향하여 문을 활짝 열고 서양을 알고자 서양문화 공부에 여념이 없던 Meiji明治시대였다. 밀려오는 서양 문물의 거센 파도 속에서 오랜 세월을 표류하다가 어떻게 '삼문일어三文一語'의 땅에 닻을 내릴 수 있었던가. 이것이 다음으로 이어지는 우리 이야기의 내용이 되겠다.

2) 개화기 일본의 해외연수

마리우스 쟌센(Marius B. Jansen)은 오랜 기간 미국 프린스턴Princeton 대학에서 일본역사를 가르쳤던 일본전문가로서 이름난 학자이다. 그가 2000년에 출판한 책 *The Making of Modern Japan*(Harvard University Press)은 일본의 근/현대사를 다룬 850쪽가량의 권위 있는 일본학연구서이다. 이 책은 1868년에 일어난 일대사건, 우리말로 '명치유신'이라 하고 일본어로 'Meiji明治 Ishin維新'이라고 하는 일본 근대사의 분기점에 대하여 'The Meiji Revolution'이라는 제목 아래 상세히 설명하고 있다.

'유신維新'이란 말은 중국고전 중에서도 사서삼경四書三經의 하나인 『시경詩經』에서 따 온 두 글자이다. 상고시대 은殷나라를 무너뜨리고 주周나라를 세운 문왕文王이 "周는 비록 오래된 나라이지만(周雖舊邦) 하늘로부터 받은 명命은 '오직 새롭다'(其命'維新')"고 천명闡明한 구절에 의거하여, Tokugawa德川 집안의 bakufu幕府정부를 무너뜨리고 주군主君이 직접 다스리는 새 정부를 세움으로써 새 역사의 장을 엶과 동시에 낡은 제도를 새롭게 혁신하기 시작한 사건을 가리켜 '명치유신'이라고 이름 붙인 것이다.

'유신維新'이라는 말은 한자문화를 공유하고 있는 한국, 일본, 중국에서는 『시경詩經』을 모르는 사람이라 하더라도 낱말의 이해에 아무 문제가 없지만, 이를 영어로 번역하자니 적절한 어휘가 없기 때문에 학자에 따라 대개 'restoration(복고), revolution(혁명), reform(개혁), renewal(경신), coup(쿠데타)' 등등으로 옮기고 있다. 하지만 이 너덧 개 낱말 가운데 어느 하나도 '維新'이란 두 글자에 깃든 오래고 깊은 뜻을 제대로 전달하지 못하는 관계로 지금도 여전히 영문번역어의 의미를 둘러싸고 논란이 그치지 않고 있다. 이 또한 소리글자로는 충당하지 못하는, 뜻글자 한자만이 누리는 이점利點이 아닐까 한다. 그러나 지금 우리의 관심은 한자의 장점이 아니라 개화기에 들어선 일본의 문자정책이다.

한한漢韓사전이나 국어사전에서 '維新'을 찾아보면 '낡은 제도를 아주 새롭게 고침'이라고 풀이되어 있다. 이러한 사전적 의미에서 한 발 더 나아가 생각해 보자. '유維'자의 부수글자 '실 사絲'와 '신新'자의 부수글자 '도끼 근斤'자로 미루어 풀이해 볼 때, 오래 묵어 낡은 제도를 고치되 실로 꿰매고 이어서 유지하는 일과 도끼로 잘라 없애버리는 일이 함께 진행되었다고도 짐작할 수 있겠다. '도끼'는 또한 권력쟁탈을 목적으로 사용되었던 강력한 무기, 곧 무武를 상징하는 반면에 '실'은 전통문화를 이어 유지하고 보전하는 데 필요한 섬세한 도구, 곧 문文을 상징한다고 볼 수도 있다. '명치유신'의 다양한 혁신정책을 되돌아볼 때 교육정책, 그 가운데서도 특히 문자정책의 각도에서 생각한다면 '도끼'로 베는 일보다는 '실'로 꿰매는 일이 더 많지 않았나 싶다.

'밝게 다스리다'는 뜻에서 '明治'라는 연호年號를 달고 즉위한 일본군주의 치세기간, 곧 '명치시대(Meiji Era)'는 1868년에서 1912년까지 44년이었다. 일본은 큰 바다에 인접한 지리적 입지 때문이었겠지만 여하튼 19세기 후반에 물밀듯 들이닥친 서양세력 앞에서 동북아시아에서는 가장 먼저 문호를 개방했으며, 개방은 곧이어 서양문명이라는 새로운 빛에 비추어 낡은 제도를 개선해 나가고자 하는 "bummei文明 kaika開

化"운동으로 전개되었다. '명치유신'을 'The Meiji Revolution' 으로, '개화'를 'enlightenment'로 번역한 쟌센 교수에 따르면, '명치시대'에 일본정부가 단행한 여러 가지 개화정책 중에서 도 특히 'Iwakura岩倉 사절단使節團(the Iwakura embassy)'이 이 루어낸 성과는 세계 역사에 전례가 없었던 단연 괄목할 만한 치적이었다고 한다.

쟌센 교수는 'Iwakura사절단'을 가리켜 'learning mission'이 라고 하였다. 우리말로는 '배움의 사명을 띠고 세계로 파견된 인사人士들'이라고나 할까, 한 세기 반가량의 세월이 지난 오 늘날 우리네 귀에 자주 오르내리는 말 '해외연수 공무원'과 별로 다를 바 없다고도 하겠다. 여기서 중요한 것은, Iwakura Tomomi를 전권대사全權大使(ambassador plenipotentiary)로 한 고위공무원 50명이 1871년에서 73년까지 1년 10개월 동안 서양 12개국에 파견되어 서양사회를 배우며 '연수'받고 돌아 온 후 그동안 비워 두었던 자리로 제각기 복직하여 다시금 일본사회에서 주도적 역할을 담당해 나갔다는 사실이다. 개 화기 일본의 문자정책에 대하여 알아보고자 하는 우리로서 는 이 'Iwakura사절단'의 역사와 세부사항에 관하여 일일이 살펴볼 시간도 없거니와 그럴 필요도 없다. 다만, '명치시대' 일본 고위공무원들의 '해외연수'는 거의 2년에 걸쳐 미국을 포함한 선진서방 12개국을 둘러보며 정치, 상공업, 교육 분야에서 서서히 그리고 다각도로 다양하게 진행되었다는 점, 이는 거의 150년이 지난 오늘이지만 우리가 두고두고 곰곰이 생각해 보아야 할 역사의 한 부분이 아닐까 한다. 전권대사 아래 4명의 부副대사(vice ambassador) 가운데는 우리 한국인에게 결코 듣기 좋은 이름이 아닌 Ito伊藤 Hirobumi博文도 한 자리를 차지하고 있었다. 그가 유럽에서 '연수'받으며 지낸 시기는 오스트리아가 헝가리를 포함한 주변 약소국들을 병합하여 '오스트리아-헝가리 제국(Austro-Hungarian Empire)'을 세운지 겨우 4,5년밖에 되지 않은 때였다. 미국과 유럽 여러 나라의 다양한 정치제도를 다각도로 살펴보며 지내던 일본의 고위공무원이 머지않아 '오스트리아-헝가리제국'에 못지 않은 '일한제국'의 가능성을 머릿속에서 가늠하고 있었으리라는 것, 이는 오늘날 쉬이 짐작이 가는 바이다.

사실인즉, 일본은 '명치유신'이전부터 해외연수단을 파견하기 시작하였다. 'Tokugawa 시대'말기였던 1860년에 미국으로 떠난 77명을 선두로, 1867년 bakufu幕府정부가 막을 내리기까지 모두 6차례의 '파견단(mission)'이 서양 선진국을 향하여 배움의 길을 나섰다고 한다. 아직 '사무라이'정권 아래 살고 있었던 이들 초기의 해외파견단은 무엇보다 강력한 군대 양성을 목표로 군사軍事에 관한 새로운 지식과 경험을 쌓는 일에 전념했던 기술 인력이었다. 그러므로 프랑스 같은 문화 선진국보다는 눈부신 산업발전을 이룬 영국이 당시 일본인들의 눈에는 세계에서 으뜸가는 강국으로 보였다. "기차, 무선전신, 병원, 학교, 병기兵器, 산업발전에 있어서는 영국이 프랑스보다 20배나 앞서 있다"라는 기록을 남길 정도로 '명치시대' 이전의 해외연수는 문화나 예술보다는 산업과 기술 분야에 치중되어 있었다. 1862년에 네델란드로 떠난 2차 파견단은 항해술, 법률, 의학을 공부하도록 명命을 받은 11명의 학도들이었다. 이들 젊은이 11명 가운데 Nishi Amane(니시西 아마네周, 1829-1897)와 그가 남긴 업적에 대하여 우리는 좀 더 상세히 알아야 할 것 같다.

Nishi Amane는 네델란드의 명문 라이덴Leiden대학에서 유학하는 동안 서양 학술세계의 공통어이자 공용어는 고전그리스어와 라틴어라는 사실을 누구보다 먼저 깨우친 사람이었다. 그리하여 라틴어로 'philosophia' 혹은 'sciencia'라고 하는 학문분야에 지대한 관심을 갖고 데카르트Descartes, 록크Locke, 헤겔Hegel, 칸트Kant의 저서를 탐독하기 시작했다고 한다. 그 결과, '지혜(sophia)를 좋아하다/좋이 여기다(philo)'라는 뜻의 그리스어를 바탕으로 한 라틴어 'philosophia'를 글자 그대로 '애지愛知'라고 옮기지 않고 '밝은 학문'이라는 의미에서 '철학哲學'이라는 새로운 번역조어를 창안하게 되었던 것이다. Nishi Amane는 오늘날 일본에서 '서양 철학의 아버지'로 추앙받을 정도로 '철학'을 포함한 대부분의 서양학술 용어를 kanji를 사용하여 일본어로 옮김으로써 '명치 시대'의 'bummei文明 kaika開化'운동에 두드러진 업적을 남긴 인물이 었다.

Nishi Amane를 선두로 다음세대 일본학자들의 번역을 통하여 만들어진 서양학문에 관한 용어와 학술어휘는 오늘날 일본뿐 아니라 한국과 중국, 즉 한자문화권의 세 나라에서 공통으로 사용하고 있으며 그 수는 헤아릴 수 없이 많다. 여기서는 지면관계로 그 가운데 몇 가지 경우만 거론하고자 한다.

우선, 서양고전문헌에서 유래한 용어는 먼저 중국 고전문헌에서 유사한 개념을 찾아보아 적당한 구절이 발견되면 그 구절에서 대개 두어 자를 택하여 해당용어의 번역어로 도입하였다. 아리스토텔레스 철학의 핵심용어 '카테고리아 categoria'를 kanji로 옮기되, 『서경書經』에 나오는 '홍범구주洪範九疇'에서 두 글자를 택하여 만들어진 '범주範疇'가 바로 이와 같은 경우이다. '전반적이고 보편적인(universal) 학문을 탐구하는 곳'이라는 의미의 중세라틴어 'universitas'를 중국고전 중에서도 '사서四書'의 하나인 '대학大學'으로 옮긴 것 또한 마찬가지 예라고 하겠다. 같은 경우의 또 다른 예로는 고전 그리스어에서 비롯한 라틴어 '에코노미아oeconomia'를 '경세제

민經世濟民'의 줄인 말 '경제經濟'라고 옮긴 것이다. 고전 그리스어 'oikonomia'는 '집안oikos 살림살이nemein'라는 뜻이지만, 작은 도시국가(polis)들의 집단이었던 고대 그리스사회와는 달리 엄청나게 큰 나라 중국은 '세상을 다스리고(經世) 백성을 구제하는(濟民)'일이야말로 나라 살림살이 그 자체가 아니고 무엇이었으랴. '집안 살림살이(oeconomia)'라는 말의 원뜻을 살려서 '집안 다스림', 즉 '가정家政'이라고 옮겨진 낱말은 누구나 알다시피 우리나라 중등교육과정의 한 과목 명칭이 되었으며, 나아가 '가정학家政學'이라 하여 대학교육의 한 분야가 된 지도 오래다.

다음으로, 서양사회에서는 아득한 옛날부터 전통적 개념으로서 존재하는 말이지만 동양사회에는 그와 같은 개념이 없었기에 개념을 나타내는 어휘도 당연히 없었던 경우가 수없이 많았다. 이 경우의 대표적인 예로 바로 위에 언급한 '철학哲學'을 들 수 있다. 서양에서 'philosophia'라는 말은 고대 그리스에서부터 중세를 거쳐 현대 유럽의 여러 나라말로 도입되었기에 2,500년 역사와 전통의 무게를 지닌 개념이지만, 우리네 동양에서 '철학'이라고 하면 Nishi Amane의 번역을 통하여 일본어로 들어온 다음, 우리말로 건너온 지는 이제 겨우 100년 남짓한 낱말이다. '철학'과 마찬가지로 '종교宗教' 역시 서양에서 건너온 개념이기에 이 또한 일본학자들의 번역을 통하여 우리말 속에 들어와 앉은 낱말이다. 영어, 독일어, 프랑스어에 모두 공통인 말 'religion'은 이승과 저승, 보이는 세계와 보이지 않는 세계를 '굳게 이어주다re-ligare'라는 라틴어 동사에서 비롯하였다. 인도에서부터 중동을 거쳐 유럽 대륙의 서쪽 끝까지 다신교이든 일신교이든, 신앙인이든 무신론자이든 'religion'이라는 말은 서양인의 머릿속 깊숙이 베어든 개념일 뿐 아니라 예수 그리스도가 태어나기 훨씬 이전부터 지금까지 서양인의 생활 및 문화와 긴밀하게 연관되어 왔다. 반면에 중국, 한국, 일본에는 불교와 같이 구체적인 신앙의 제도는 존재했지만-하기야 불교 역시 애초에는 인도에서 들어온 외래문화였다-적어도 개화기 이전까지는 서양인이 생각하는 'religion'의 개념과 같은 것은 개념도 없었고 따라서 낱말도 없었다. 하지만 이를 두고 일본학자들은 '이승과 저승의 연결 고리' 따위로 옮기지 않고 '으뜸, 근본(宗)이 되는 가르침(敎)'이라는 뜻으로 '종교宗敎'라고 번역하였다. 그리하여 오늘날 한자 문화권의 세 나라에서 공통으로 아무런 논란 없이 활발히 사용되고 있음은 두말할 필요조차 없는 사실이다.

일본학자들의 수고로 만들어진 수많은 번역조어 가운데는 한문지식이 깊은 우리네 어른들의 마음에 탐탁하지 않은 말들도 없잖아 있다. 라틴어 'sciencia'를 '과학科學'이라고 번역한 경우가 그 대표적인 예라고 하겠다. 고전라틴어 'sciencia'는 배워 익힘으로써 얻을 수 있는 모든 '지식'을 뜻하는 말이었다. 프랑스어에서는 'la science'라고 단수명사로 쓰이면 추상적이고 전반적인 '지식'이란 뜻이고 'les sciences'라고 복수명사로 쓰이면 '정치학, 종교학, 자연과학' 등등으로 분류되는 구체적 학문분야를 의미하게 되었다. 현대영어로 'science'라고 하면 '지식', '학문' 외에도 '학술', '학예' 등등, 문맥에 따라 다양한 의미를 지니고 있다. 이에 비하여 '科學'의 '科'자는 부수글자 '벼 화禾'자와 곡식을 재는 단위 '말 두斗'자로 된 회의會意 문자이다. 즉, 벼를 말로 되어 나누는 것이 본뜻이고, 나아가 나누어진 '정도, 등급, 조목, 품목, 과목' 등등의 의미를 지니게 된 글자이다. 우리네 왕조시대에 문과文科, 무과武科, 잡과雜科로 나누어 관리를 뽑던 시험제도를 '과거科擧'라고 하지 않았던가. 만약 저승에서 이조시대 사대부들이 '科學'이란 두 글자를 본다면 '곡식의 분량을 재는 배움이란 말인가? 아니면 나누어진 품목을 하나하나 배운다는 뜻인가?' 하고 의아해 하지들 않을까 상상될 정도이다. 한데, 오늘날 우리말로 '과학'이 뜻하는 의미는 무엇인가? 『민중 엣센스 국어사전』에는 "보편적인 진리나 법칙의 발견을 목적으로 한 체계적인 지식. 넓은 뜻으로는 학(學)과 같은 뜻이고, 좁은 뜻으로는 자연과학을 일컬음"이라고 쓰여 있다. 이는 어디까지나 서양에서 온 개념 'science'를 우리말로 풀이한 것이지 '科學' 두 글자가 품고 있는 내용과는 거리가 멀다고 하겠다. 그러나 '과학'은 이미 우리말이 된 지 오래다. 중등교육과정의 교과목으로서 확고한 위치를 굳혔을 뿐 아니라, 근래에는 '기술(technology)'이란 말과 함께 붙어서 '한국의 장래를 이끌어 갈 과학기술 인재양성'하며 외치는 대학 선전 문구에 자주 등장하고 있다. 게다가 '문교부'는 '교육부'라고 이름을 바꾼 지가 엊그제 같았는데 이제는 '교육과학기술부'라고 하니, 일본학자들의 잘못된 번역조어 '과학'을 우리는 지나치게 애용하고 있지 않나 하는 생각이 든다.

교육과 관련하여 우리의 관심을 불러일으키는 인물은 Mori Arinori(모리森 아리노리有礼, 1847-1889)이다. Mori Arinori도 Nishi Amane처럼 항해기술을 배우기 위하여 1865년 영국 런던대학에 유학생으로 파견되었던 젊은 사무라이 학도였다. 3년 후 '명치시대'가 열리자 Mori는 Nishi와 더불어 개화운동을 이끌어나간 핵심 인물 가운데 한 사람이 되었다. 최초의 미국주재 일본대사로 활약하는 등 '명치유신' 정부의 주요 직책을 연임하였으며, 1885년에 문부성장관에 임명되어 아직 구시대에 머무르고 있던 일본의 교육제도를 개혁하기 시작하였다. Mori는 미국과 유럽에 체류하는 동안 여러 교육계 인사들과 친분을 나누며 각 나라의 다양한 교육제도에 대하여 면밀히 고찰하였다고 한다. 특히 영국의 옥스퍼드-케임브리지 대학제도와, 프랑스의 '그랑드제꼴(grandes écoles)'제도를 본떠 그와 유사한 엘리트 교육 시스템을 일본 땅에 심고자 하였다. 그리하여 현現 'Tokyo University(東京大學)'의 전신前身인 '동경제국대학(東京帝國大學)'이 최초의 서양식 대학으로 발족하게 되었다. 이처럼 Mori의 개혁으로 잇달아 주요 지방도시에 세워진 소수小數의 국립대학들은 원래 엘리트 양성을 목표로 설립되었으나, 2차 대전 후 대량교육(mass education)의 시대가 오자 치열한 입시경쟁을 치러야 들어갈 수 있는 '명문대학'의 대명사가 되어버렸다.

개화기 일본의 교육개혁 및 세부적인 내용은 물론 우리의 관심사가 아니다. 그러나 '대학(university)'처럼 보편적(universal) 학문연구 기관이 아니라 한 분야의 전문가를 배출하는 '전문학교(professional school)' 중에서 '사범학교'라는 명칭의 유래를 잠시 생각해 보면, 이 또한 Nishi Amane와 Mori Arinori를 선두로 한 일본학자들의 번역조어임을 알아볼 수 있다. 개화기의 일본은 교육행정에 있어서도 여러모로 프랑스의 제도를 모델로 삼았다고 한다. 그리하여 프랑스에서 교사양성을 목표로 하는 학교 '에꼴école 노르말normale'을 '사범학교師範學校'라고 번역하여 미래의 교사를 배출하는 전문학교의 명칭으로 사용하게 된 것이다. 프랑스어로 '표준, 규

범, 모범'의 뜻을 지닌 낱말 'norme'에서 비롯된 '에꼴école 노르말normale'은 아마 '스승(師)이 될 사람이 마땅히 지녀야 할 본(範)을 배우는 학교'라는 뜻으로 해석할 수 있겠다. 아무튼 그리하여 '사범학교' 또는 '사범대학'이라는 명칭은 오늘날 일본뿐 아니라 중국에서도 공통으로 사용하고 있다. 우리나라에서도 1970년대 중반까지 큰 대학교들엔 단과대학으로 사범대학이 있었는데, 그 후 'School of Education'이라고 하는 미국식 명칭을 좇아 '교육대학'으로 이름이 바뀐 것 같다. 한데, 요즘 중국에서 꽤 명성이 높은 두 대학의 이름이 영문으로는 'Beijing Normal University', 'Shanghai Normal University'이고 자기네 중문으로는 각각 '북경사범대학北京師範大學', '상해사범대학上海師範大學'이다. 이렇듯 영문 명칭은 프랑스어 어원을 충실하게 반영하였고 중문 명칭은 일본학자들의 번역조어를 그대로 받아들여 사용하고 있음을 다시 한 번 확인할 수 있다.

3) '온고지신溫故知新'의 문자정책

개화기의 선각자로 존경받았던 Nishi Amane와 Mori Arinori는 일본말과 일본글을 시대에 맞게 개화해야 한다는 과제 앞에서는 둘 다 서양 물을 너무 깊이 들이켰다는 비판을 피할 수 없었다. 양학洋學의 선구자 Nishi는 한자(kanji)사용을 철폐하고 로마자(romaji)를 도입하여 쓰자는 논문을 발표하였나 하면, 문부성 장관 Mori는 한 발 더 나아가 영어를 일본의 국어로 채택하자는 엉뚱한 주장을 폈기 때문이다. 영어실력이 뛰어난 Mori에게 일본어를 적는 글자 '카나假名 (kana)'는 글자 그대로 '가짜배기 글' 같았고 영어를 적는 로마자와는 비교할 수 없이 열등한 글이라고 생각되었던 모양이다. 하기야 우리 한글이나 로마자는 자음子音과 모음母音이 뚜렷이 구별되는 '자모字母문자(alphabet)'이지만, 일본글자는 자음과 모음으로 나누어질 수 없는 '음절音節문자(syllabary)'이다. 게다가 일본말은 모음이 '아, 이, 우, 에, 오' 다섯 개밖에 없기 때문에 음소音素(phoneme)가 아주 빈약한 언어인 것도 사실이다. 잔뜩 서양물이 든 Mori의 눈에 오죽 초라해 보였으면 제 나랏말을 버리고 영어를 국어로, 그것이 안 되면 공용어로라도 삼자는 발상이 나왔을까. 그러나 1889년 Mori는 불행히도 광신적 국수주의자의 칼에 찔려 죽고 말았다. 살해범은 Mori의 영어 공용어론에 분격했다기보다는, 세상이 다 아는 그리스도교인 Mori가 일본의 전통신앙 신도神道사상 (Shintoism)을 경시하고 모독하는 태도를 보였기 때문에 응분의 조처를 취한 것이라고 밝혔다. 아무튼 19세기 말엽 일본에서는 영어공용어론을 주창했다가 살인사건이 벌어졌나 하면, 20세기 후반 중국에서는 간체자 개혁을 반대하느라 스스로 목숨을 끊고 만 사람도 있었다. 이런 어처구니없는 역사를 돌이켜 볼 때, 말과 글에 관한 한 아무리 낡고 케케묵어 시대에 맞게 고친다 하더라도 도끼로 베어버리는 일보다는 실로 꿰매는 일이 앞서야 하지 않을까 생각된다.

서양문명의 빛이 나라 깊숙이 들어오게끔 사방으로 문을 활짝 열어젖힌 후, 일본어와 일본글자의 개화라는 대대적인 숙제를 놓고 일본의 지성인들은 '중용中庸'의 길을 택하였다. 천년 너머 한자의 그늘에서 더부살이 해 온 일본글은 '명치시대'에도 여전히 한문투성이의 딱딱하기 이를 데 없는 문체에 머물러 있었다고 한다. 이는 1919년의 우리글 '기미 독립선언문'을 회상해보면 쉽게 짐작이 가는 일이다.

吾等(오등)은 玆(자)에 我(아) 朝鮮(조선)의 獨立國(독립국)임과 朝鮮人(조선인)의 自主民(자주민)임을 宣言(선언)하노라. 此(차)로써 世界萬邦(세계만방)에 告(고)하야 人類平等(인류평등)의 大義(대의)를 克明(극명)하며, 此(차)로써 子孫萬代(자손만대)에 誥(고)하야 民族自存(민족자존)의 政權(정권)을 永有(영유)케 하노라. [......] 아아, 新天地(신천지)가 眼前(안전)에 展開(전개)되도다. 威力(위력)의 時代(시대)가 去(거)하고 道義(도의)의 時代(시대)가 來(내)하도다.

이처럼 한자로 꽉 찬 문어체와 일상적인 구어체 사이에서, 어렵지만 예스럽고 위풍당당한 문체와 쉽게 읽히지만 속된 문체 사이에서 이상적인 가운데 길을 찾아 일본의 학자들은 1870년대부터 거의 40년 동안을 꾸준히 힘써 일하였다고 한다. 문필가들은 kabuki(歌舞劇) 공연장을 드나들며 일반 대중이 눈으로 읽지 않고도 귀로 알아들을 수 있는 말투나 문구를 갈고 닦고 정립하고자 노력하였다. 그러한 문필가 중에서 Futabatei Shimei(후타바테이二葉亭 시메이四迷)는『Ukigumo(浮雲)』라는 제목의 소설로 이름을 남긴 바 있다. 우리말로 '뜬구름'이라고 번역될 수 있는 이 소설은 짧은 분량에다 미완에 그친 작품이지만, 저자는 1887년에 먼저 '고古문학' 풍風으로, 다음 해에 '신新문학' 풍으로 같은 이야기를 두 번 다르게 써서 출판하였다. 우리말로 대치하여 생각한다면 위 인용문에서처럼 "新天地가 眼前에 展開되도다"라는 식으로 우선 쓴 다음에, "새로운 세상이 눈앞에 펼쳐지도다" 하는 식으로 한 번 더 썼다는 것이다. 이렇게 하여 19세기 말엽에서 20세기 초엽에 걸쳐 '개화된(enlightened)' 일본어는 학자와 문필가들이 오랜 기간을 쉬지 않고 일구어 낸 작업의 소산所産이었다고 한다.

앞서 언급한 바와 같이 일본어는 엄청난 수의 한자어가 어휘 형성의 뿌리요 줄기인 데다가, 모음이 5개밖에 없는 관계로 한자어를 한자로 쓰지 않으면 동음이의어同音異義語가 너무 많아 일본글자만으로는 감당할 수 없게 되어 버린다. 일본에서도 한자사용 문제를 두고 이런저런 의견 대립으로 갈팡질팡했던 때가 없지 않았다. 19세기 말엽 '명치시대'의 교육 개혁은 엘리트 양성이 목표였던 만큼 일본의 지성인들은 서양의 지성인들이 라틴어와 고전그리스어를 공부하는 것과 조금도 다름없는 정성으로 한문 실력 쌓기를 게을리하지 않았다. 그러다가 20세기 중엽에 와서 태평양 전쟁을 일으킨 일본은 무기武器의 부품명칭에 쓰인 한자를 제대로 읽지 못하는 병사들 때문에 위험을 느끼고는 군무기 명칭에 사용되는 한자의 수를 대폭 제한하였다고 한다. 그러면서도 전쟁의 상황을 보고하는 신문지상에는 일반대중이 알아보기 힘든 희귀한 한자를 일부러 많이 사용하였다고 하니, 기울어지는 전운戰運일지언정 "어린 백성"에게 외경심畏敬心을 일으켜 "대일본제국"의 늠름한 모습을 주입시키는 데에는 어려운 한자로 빽빽한 글이 가장 효과적이라고 판단되었던 모양이다. 패전敗戰 후 대중교육(mass education)에 이어 의무교육의 시대를 맞이한 일본은 초등, 중등교육 과정 동안 모두 1,800자에서 2,000자의 한자를 배우도록 제정하여 지금까지 시행하고 있다. 이렇게 2,000자 남짓한 상용한자 중에서 획수가 복잡한 글자는 약자略字를 만들어 쓰고 있다. 이 일본식 약자는 현대 중국어에서 사용하는 간체자와는 다를 뿐 아니라 그 수 또한 얼마 되지 않는다. 말하자면 일본에서는 한자습득에 요구되는 시간과 노력을 줄이려고 하지 않았을 뿐 아니라, 'kanji(漢字)'는 중국글자가 아니라 일본말을 적는 세 가지 글자 가운데 하나라는 인식을 국민 모두의 머릿속에 단단히 심어준 것이라고 하겠다. 오늘날 중등교육을 받은 일본인이면 누구나 1800자 정도의 kanji는 부담 없이 읽고 쓴다고 한다. 나아가 교육수준이 높고 사회적 지위가 높은 사람일수록 더욱 더 많은 kanji를 익힌, 탄탄한 한문 실력의 소유자임은 두말할 필요가 없겠다.

20세기 말엽의 일본은 또 한 번 문자 변혁의 시대를 맞이하였다. 이념분쟁의 시대가 물러가고 소비문화의 시대가 온 세계로 퍼져나가자 대거 몰려온 외래어로 인하여 katakana의 사용이 대폭 늘어난 것이다. 애초에 katakana는 주로 공적인 문서에, 그리고 hiragana는 사적이고 격식 없는 글에 사용하였다고 한다. 하지만 이제 현대 일본어는 앞서 언급한 바와 같이 세 가지 낱말무리를 뚜렷이 구분하여 한자어는 kanji로, 고유어는 hiragana로, 외래어는 katakana로 적는다. 되풀이 말하지만 일본어에는 모음이 5개밖에 없기 때문에 katakana로 적힌 서양외래어는 으레 원음과 상당한 차이를 보이게 마련이다. 예를 들어 '맥도날드(MacDonald)'는 '마ma구gu도do 나na루ru도do'로밖에 달리 적을 수가 없다. 그렇다고 우리 한 글은 일본글보다 영어 원음에 훨씬 가까운 소리를 적을 수 있는 우수한 글자라고 자랑하는 사람이 있다면, 그는 하나는 알되 둘을 모르는 사람이라고 하겠다. 세계 어느 나라 백성 으로 태어났건 내 나라말 소리로는 음운구조가 다른 남의 나 라말 소리를 똑같이 낼 수 없다는 것, 이는 자연의 이치요 평 범한 사실이다. 일본글 katakana는 외국어 원음을 흉내 내기 위하여 쓰는 글자가 아니라, 외래어를 자기네 고유어 및 한 자어와는 다른 부류의 낱말무리로 뚜렷이 구별 짓기 위한 글 자로서 자리를 굳히게 되었다.

수많은 외래어를 katakana로 적으니 그 효용성이 뛰어나다 고 인정되어서인지 개화기의 일본학자들이 kanji로 음역했던 서양의 인명, 지명은 물론이요, 나아가 서양에서 수입된 물품 및 전문용어까지도 이제는 점점 더 katakana로 적는 추세가 되었다. 예를 들면 'France'는 '佛蘭西'로, 'Deutschland'는 '獨逸' 이라고 음역하였었지만 지금은 모두 katakana로 '후fu란ran수 su', '도do이i추tsu'라고 적는다. 또 다른 예로는 미국 대통령 의 거처 'White House'를 예전에는 '흰 흙으로 된 집'이라는 뜻으로 '白堊館'이라고 했지만 지금은 katakana로 '호ho와wa 이i토to하ha우u수su'라고 한다. 우리나라에서는 지금도 '불란서'니 '독일'이니 하고, 대학의 학과목으로서도 '불문과', '독문과'라고들 하지만 일본에서는 지나간 시대의 퇴물이 된 지 오래다. 이처럼 일본말에서는 폐기처분해 버렸으나 우리말에서 특히 미국에 사는 한국 사람들 사이에서 매일같이 쓰이는 말이 있는데, 다름이 아니라 미국의 화폐단위 '달러dollar'를 두고 '불弗'이라고 하는 것이다. '弗'자는 그 모양이 달러화貨를 표시하는 기호문자($)와 비슷하기에 뜻과는 상관없이 빌려온 글자, 곧 '가차假借'문자이다. 어원이야 이렇든 저렇든 우리는 지금도 여전히 1불, 2불 하지만 일본 사람들은 katakana 두 자를 써서 '도do루ru'라고 한다.

일본과는 정반대로 중국에서는 외래어라면 음역音譯으로든 의역意譯으로든 무조건 번역하는 원칙을 철저하게 세워 놓은 것 같다. 'White House'는 'bai白gong宮'이라고 옮겼나 하면, 지구촌 거의 어디서나 '피아노piano'라고 칭하는 서양악기를 두고 'gang鋼qin琴', 즉 '강철로 된 거문고'라고 하니 말이다. 포도주도 이제는 붉은 포도주니 백白포도주니 하면서 개인의 기호와 분위기에 맞추어 가려 마시는 시대가 된 모양이다. 이 또한 중국에서는 반드시 'hong紅 pu葡tao萄jiu酒'라고 하는데 일본에서는 katakana를 사용하여 '레re도do 와wa인in'이라고들 한다. 오랫동안 '牛乳'라고 kanji로 표기하던 말도 이제는 '미mi루ru쿠ku(milk)'라 하고 우리말 '영수증領收證'에 해당하는 일본말이 분명히 있는데도 '레re시si토to(receipt)'라고들 한다. 공항 터미널에서 비행기를 타러 나가는 출입문도 예전에는 '搭乘口'라고 kanji로 썼던 것 같은데 최근에 인천공항에서 한글 옆에 중문中文과 함께 나란히 적힌 일본글자를 보니 역시 katakana로 '게ge-토to(gate)'라고 적혀 있었다.

폭발적으로 늘어난 katakana의 사용과 함께 직접 로마자를 쓰는 경우도 많아졌다. 그리하여 hiragana, katakana, kanji에 이어 네 번째로 'romaji(로마字)'까지 일본글자의 한 식구로 헤아려야 한다는 주장도 없지 않다. 일본어를 적는 글자가 셋인지 넷인지는 우리가 따질 문제가 아니다. 다만, 오래 전에 정립된 바 있는 일본어의 로마자 표기법에 관하여 한 마디만 해야 하겠다. 모음이 5개밖에 없는 일본어이기에 로마자로 옮기는 일도 우리말에 비하면 훨씬 간단했으리라 짐작된다. 한데, 일본어의 46음절音節을 표시하는 hiragana와 katakana 각각 46개 글자 중에서 우리말 '히읗' 소리를 내는 5개의 음절 '하, 히, 후, 헤, 호'의 로마자 표기는 'ha, hi, fu, he, ho'이다. '후' 소리를 'hu'로 옮기지 않고 'fu'라고 옮긴 데에는 그만한 이유가 있었으리라고 생각된다. 일본에는 '후' 소리로 시작하는 인명, 지명이 수없이 많다는 점, 또한 영어처럼 게르만 계통의 말은 'hu'라고 적으면 '후' 비슷한 소리를 낼지 모르지만 프랑스어, 스페인어, 이탈리아어 같은 로만스 계통의 말에서

'h'자는 묵음默音이 되어버린다는 점, 일본 학자들은 이 점을 충분히 검토하고 난 후에 로마자표기법을 제정하였던 것 같다. 말하자면 일본은 국제화, 세계화 시대에 즈음한 문자정책에 있어서도 영어일변도로 생각하지 않았다는 것이다. 따라서 영어뿐 아니라 지구촌 수많은 나라에서 쓰이고 있는 알파벳문자는 고대 로마사람들의 언어 라틴어를 적는 글자였다는 역사적 사실에 기인하여 글자의 이름을 'romaji'라고 칭하였다.

오늘날 일본어는 세계로 뻗어나가고 있다. 서양 사람들에게는 세계에서 가장 복잡한 글자체계로 보일지언정 세 가지 다른 낱말무리로 구성된 일본어는 세 가지 다른 글자로 적는다. 이 '삼문일어三文一語'의 문자정책은 뛰어난 독서능률을 가능하게 해주었을 뿐 아니라 외국문학의 일본어 번역이라는 쉽지 않은 작업을 한결 수월하게 만들어 주었다. 서양 문학 작품에 나오는 인명, 지명은 모두 katakana로, 주로 한자어인 핵심어휘는 kanji로, 나머지 고유어는 hiragana로 적으니 내용 파악이 빠르고 따라서 읽기도 편하다. 그 결과로 나날이 증가하는 독서 인구와 함께 더 높이 성장하는 일본문화, 이는 지혜로운 문자정책이 낳은 당연한 결실이 아닐까 생각된다.

'journal-internet.com'이라는 웹 사이트에서 지구촌 인터넷에 사용되는 언어의 순위를 매긴 2003년도 통계에 의하면 영어(43%)가 물론 1등이고, 중국어(9.2%)와 일본어(9.2%)가 2등의 자리를 놓고 백중지세에 있다. 다음으로 스페인어(6.7%)와 독일어(6.7%)가 나란히 4,5위를 다투고 있고, 그 다음으로는 한국어(4.4%)가 6위의 자리를 차지하고 있다. 그런데 UNESCO의 1995년도 통계자료에 의하면 도서출판에 쓰인 언어별 순위는 인터넷 순위와는 사뭇 다른 면을 보여 주고 있다. 언제 어디서나 1등인 영어(28%) 다음으로는 중국어(13.3%), 독일어(11.8%), 프랑스어(7.7%), 스페인어(7.7%), 일본어(5.1%), 러시아어(4.7%), 포르투갈어(4.5%), 이탈리아어(4%), 네델란드어(2.4%), 스웨덴어(1.6%) 순으로 이어지며 나머지 10.2%의 공간은 기타언어가 차지하고 있다.

관광객이 많은 유럽의 명소名所에는 으레 여러 나라말로 적은 짧은 안내팻말이 곳곳에 붙어 있다. 적게는 5,6개 국어 많게는 8,9개 국어가 줄줄이 보이는 글 가운데 일본어가 빠져 있는 경우는 좀처럼 없다. 중국어는 간혹 보이지 않아도 일본어는 꼭 있다. 아마도 이는 일본어 문장에서 핵심적인 뜻을 전달해주는 글자 'kanji'가 중국인, 한국인, 일본인 사이에서 '링구아 프랑카'로 통한다는 사실을 유럽의 관광행정 당국이 모르지 않기 때문으로 짐작되는 바이다.

6. 한국어와 한글

1) 한자어 문제

1997년 늦은 여름, 미국이민을 앞두고 이것저것 짐을 싸고 정리하면서 챙겨 둔 신문기사 한 편이 있다. 신문기사라기보 다는 신문에 난 글을 오려둔 종이 토막이라고 하는 편이 옳 겠다. 90년대 초엽 한자 문제를 다룬 글로서 한국일보 독자 광장에 실렸던 것이다. 대강의 골자를 추려 적어보면 이렇다.

[...] 모든 어문에는 뜻과 음이 있고, 뜻이 없고 음만 있 는 어문은 없다. 한자는 자형에서 뜻이 식별되기 때문에 한자어의 한자를 제거하고 한글로 대치하면, 뜻은 없어 지고 음만 남게 된다. 이렇게 뜻이 없고 음만 있는 한글 한자어는 어문이 아닌 「기형어」이다. [...] 그래도 겨우 국문생활이 유지되고 있는 것은 우리사회에 있는 한자 의 잔존지식이 한글 한자어의 결함을 은연중 보완하고 있기 때문이다. 그러나 그 한자 지식마저 소멸되는 날에

는 한글표기 한자어에 일대 혼란이 일 것이다. 유사한 뜻과 발음을 가진 한글 한자어는 서로 통폐합되어 많은 사어가 생기고, 국문의 어휘수는 대폭적으로 감축되어 국문의 퇴화현상이 나타날 것이고 일반생활용어를 제외한 고급 학술어는 전문가 이외에는 외국어같이 생소한 문장이 되고 말 것이 분명하다. [...] (강회. 경상대 명예교수. 경남 진주시 판문동)

그로부터 20여 년이 지난 오늘, 윗글을 쓰신 분이 예상하고 걱정했던 바와 같이 우리말과 우리글은 '일대 혼란' 현상을 겪고 있다. 우선 국어학자 이익섭 선생님의 『우리말 산책』 가운데 「맞춤법」 편에 지적된 내용을 보자. "모두들 우러러 보는 명문대학의 학생이" 문맥으로 보아 '언급'이라고 해야 할 것을 '응급'이라고 썼던 어처구니없는 일, 그 근원적인 이유가 바로 한자 문맹에서 비롯한 것임을 부인否認할 수 없는 오늘의 현실이다. 분명히 그 학생은 '언급'의 '언'이 '말씀 言'이라는 한자의 잔존지식이 소멸되어 버린 한글세대이다. 어디 그뿐인가. 이익섭 선생님의 설명을 빌려 말하자면, '주례사主禮辭'의 '사辭'를 엉뚱하게 '변호사辯護士' '기관사機關士'의 '사士'로 알고 "주례사께서 신랑 신부가 한평생 교훈으로 삼고 살아갈..."이라고 하는 세상, 아니면 '동고동락同苦同樂'의 뜻을 잘못 알고 '동거동락同居同樂'이라고 말하는 세상이 되어 버렸다.

한국 사람들이 대거 모여살고 있는 미국 로스앤젤레스에는 한국어로 된 간판과 안내문이 곳곳에 많은데, 그 가운데 '(불상사가 일어나지 않도록) 주의注意'하라고 해야 할 것을 "주위해주시기 바랍니다"라고 쓰인 글이 눈에 띄었다. 같은 한국 사람으로서 그냥 보고 넘길 수가 없어서 '위'자를 '의'자로 고쳐야 한다고 일러 주었건만 달이 가고 해가 가도 여전히 틀린 글자 그대로 박혀 있다. 하기야 돈벌이 비즈니스가 삶의 목적이다시피 한 미국사회에서 뒤쳐지지 않고 살아 나가려니 돈만 잘 벌리면 됐지 맞춤법이 무슨 대수이려냐. '할인割印'이라고 써야 할 것을 '활인'으로, '할부割賦판매'를 '활부판매'라고 쓰나 하면 '명의이전名義移轉'은 또 '명예이전'으로 둔갑하는 지경이다.

하긴 한자문맹은 20년 전부터 이미 비일비재非一非再한 일이었던 것 같다. 현충사에 갔다가 이순신 장군의 옛집을 둘러보던 중, 장군의 어린 시절을 묘사한 커다란 그림 아래에 적힌 설명문은 잊으려야 잊을 수 없는 에피소드로 기억된다. "장군은 어린 시절부터 임기응변에 능하셔서..."라는 글 위에는 소년 이순신이 몇몇 아이들 앞에서 팔을 휘두르며 웅변을 토하는 듯한 모습이 그려져 있었다.

한자문맹은 이처럼 맞춤법의 혼돈뿐 아니라 어휘의 혼돈현상을 빚고 있다. 『우리말 산책』의 제 2부 「어휘」편, 첫째 항목으로 등장하는 '와중에'가 그것이다. 다시 이익섭 선생님의 설명에 의하면, '와중渦中'은 문자 그대로 '소용돌이 속'이라는 뜻, 뭐가 정신 차릴 수 없을 정도로 복잡하게 뒤얽힌 상태를 가리키는 말로서 긴급한 사태, 좋은 쪽보다는 나쁜 쪽일 때 '그런 와중에'의 형태로 쓰이는 말이기에, 글이 아닌 일상 대화에서 쓸 일은 아주 드물다고 한다. 그런데도 근래 갑자기 "바쁘신 와중에..."와 같은 틀린 용법이 나라 안팎을 휩쓸고 다니는 실정이다. 하지만 이 잘못된 용법의 한자어 '와중'을 '渦中'이라고 한자로 적어 버릇하였다면 부수글자 삼수변을 보는 순간 '휘몰아치는 소용돌이 물결'의 이미지가 그려지는 동시에 '물난리 같은 난리 통에'라는 원래의 뜻이 머릿속에 또렷이 와 닿지 않겠는가? 앞서 인용문의 설명대로 글자 모양에서 뜻이 짐작되는 한자어이기에 한자를 없애고 한글로 대치하여 뜻은 없어지고 음만 남은 '기형어'가 되어 버렸으니, 글자의 뜻도 제대로 모르는 판국에 어찌 올바른 용례用例를 기대할 수 있을 것인가.

그러나 오늘날 더욱 심각해진 혼란 현상은 한글과 한국어를 혼동하는 딱한 현실이라고 하겠다. 『우리말 산책』제 5부 「한글과 한국어」편에서는 다시 '한글과 한국어'라는 제목 아래 수많은 사람들이 한글과 한국어를 혼동하고 있다는 사실, 또한 그 이유가 무엇인지에 대하여 여러모로 생각해본 내용을 읽을 수 있다. 일부에서 '한글'을 우리말의 상징으로 내세워 온 점, 애초에 '조선어학회'였던 것이 '한글학회'로 명칭을 바꾸어 오늘날 '한국어=한글'이라는 혼돈의 씨앗을 만든 점, 한글에 대한 우리 민족의 남다른 사랑과 자랑, 등등이다.

이 몇 가지 원인설명에 이어 한 마디만 덧붙이고 싶다. 다름이 아니라 한자어는 여전히 다량으로 사용하면서 한자사용은 거의 철폐하다시피 한 데다가 엄청난 수로 들어오고 있는 외래어 또한 몽땅 한글로만 적는 한글전용 문자정책 때문이 아닐까 한다. 우리말 어휘의 반 이상을 이루고 있는 한자어든, 우리나라 사이버스페이스(cyber space)와 각종 선전광고 문구에 우글우글 넘쳐나는 외래어든, 한글로 겉포장만 하고 있으면 내용이야 뜻의 혼돈으로 뒤범벅이 되건 말건 나 몰라라 하는 대강주의, 간편주의, 대중 영합주의가 판을 치는 세상이 되어 버렸다. 70년대만 하더라도 기초한자 1800자 정도는 배워 익혀야 하는 것으로 알고 있었는데, 80년대 후반부터 30년 가까이 한글전용의 세월을 흘려보낸 지금에 와서는 한글로만 적혀 있어야 우리말이라는 고정관념이 국민 대다수의 머릿속에 박혀버린 모양이다. 따라서 "어린 백성"은 물론이요 신문에 글을 쓰는 식자층까지 자연스럽게 한글이 곧 우리말이라고 생각하는 현상은 어찌 보면 30년 한글전용 때문에 빚어진 당연한 결과가 아닐까 싶다.

　앞의 인용문에서 언급된 바, "일반 생활용어를 제외한 고급 학술어"는 또 어떻게 되었는지 한번 살펴보자. 학문, 예술, 문화, 종교에서 쓰이는 전문분야의 용어는 "전문가 이외에는 외국어같이 생소한 문장이 되고 말 것"이라고 하신 분의 예견이 그대로 적중하고 있는 현실이다. 정말 그런지 아닌지는 세계인의 온라인 백과사전 '위키피디아Wikipedia'에서 한국어 사이트를 클릭해 보면 금방 확인할 수 있다.

　예를 들어 현대중국어의 로마자 표기법 'Pinyin'에 관하여 알아보고자 컴퓨터에 'Pinyin'이라고 로마자 6개를 입력한다. 화면 왼편에 줄줄이 뜨는 세계 각국 언어 리스트에서 '한국어'를 클릭하면 당장 '한어 병음'이라는 한국어 제목이 등장하는데 우선 제목부터 고개를 갸우뚱하게 만든다. 여태 '모택동'이라고 하다가 지금은 글로벌 시대라고 '마오쩌둥'으로 바꾸어 놓은 판국에, 중국을 비롯하여 세계 각국에서 '핀인Pinyin(拼音)'이라고 발음하는 한자 두 자를 오로지 한국어 사이트에서만 '병음'이라고 적어 놓았으니 말이다. 어쨌거나 'Pinyin'이든 '병음'이든 제목은 차치且置해 놓고 내용설명을 읽어내려 가다보면 '양순음, 순치음, 치경음, 권설음, 치경구개음, 연구개음, 운미, 개음'등등, 그야말로 "외국어같이 생소한" 음성학용어가 너무 많다. 몽땅 한글로만 적혀 있으니 한자의 잔존지식이 남아있는 사람이라 해도 무슨 뜻인지 짐작하기가 아리송하다. 반면에 '日本語'를 클릭하면 음성학 용어가 모두 한자로 적혀 있기에 일본어를 배우지 않은 사람이라도, 언어학 전문가가 아니더라도 한자만 읽을 수 있으면 뜻이 한눈에 선명하게 들어온다.

고급 학술어까지 갈 것도 없이 초등학교 아이들 교과서에 나오는 기본 학술어도 대부분이 한자어라는 것은 누구나 인정하는 사실이다. 현미경이나 망원경에서 눈에 대고 들여다보는 렌즈이기에 '대안렌즈'라 하고 물체에 가까이 대고 보는 렌즈이기에 '대물렌즈'라고 하는 자연과학 용어를 두고, 그냥 한글로 '대안렌즈, 대물렌즈'하며 무턱대고 외우는 어린이와, '마주 볼 대對'자, '눈 안眼'자, '물건 물物'자를 배워 익힌 후 머릿속에 한자를 떠올리며 공부하는 어린이가 있다고 상상해 보자. 둘 중에 누가 더 "과학적으로(scientifically)", "유기적으로(organically)" 탄탄한 우리말 실력을 쌓을 것인지는 불을 보듯 뻔한 일이다.

그러므로 응당 초등학교에서부터 한자를 가르쳐야 함에도 불구하고 어처구니없게도 우리 어린이들은 초등학교에서부터 영어를 배우느라 돈과 시간과 힘을 있는 대로 쏟아 붓고

있다. 더욱 어처구니없는 일은 국어나 국사를 제외한 수학이
나 과학 과목의 수업은 직접 영어로 진행한다는, 소위 '영어
몰입교육(immersion)'이라는 것이다. 인터넷 덕분에 편리한
세상이 되어 미국 한 구석에 살면서도 우리나라 초등학교 고
학년 과학 몰입교육 수업현장을 동영상으로 볼 수 있었던 만
큼, 보고난 소감을 여기에 간단히 밝히고자 한다.

수업내용은 우유 따위의 액체(liquid)가 어떠한 과정을 거
쳐 치즈 같은 고체(solid)로 굳어지는가 하는 화학반응에 관
해서였다. 미국 여자 선생이 먼저 'liquid'가 무슨 뜻인지 아이
들에게 설명하느라고 "anything you can pour(무엇이든 쏟아 부
을 수 있는 것)"이라며 영영사전에 나옴직한 풀이말을 늘어놓
고 있었다. 참으로 어처구니없다는 느낌과 함께 '국어사랑 나
라사랑'하는 마음 밑바닥에서부터 분하고 억울하다는 생각이
치솟았다. 멀쩡히 있는 우리말 '액체液體', '고체固體'는 제쳐
놓고 도대체 무엇이 아쉬워 우리말의 어디가 모자라 'liquid'
니 'solid'니 하면서 영어단어부터 배워야 하는 것이며, 그것
도 떼돈을 들여 원어민선생을 채용하면서까지 직접 영어로
설명을 들어야 한단 말인가!

서양의 학술어는 고전 그리스/라틴어임을 우리는 앞서 제
2장에서 살펴본 바 있다. 과학용어로서 'liquid'와 'solid'도 라
틴어에서 나온 말이기에 영어를 포함한 거의 모든 유럽언

어에 공통이다. 우리네 실생활에서 자주 듣는 말, 산소酸素 (oxygen), 수소水素(hydrogen), 질소窒素(nitrogen)를 비롯하여 고등학교 화학 시간에 배우는 갖가지 원소元素 이름까지도 모두 고전그리스어에서 유래하기 때문에 대부분의 서양언어에 공통이다. 미국과 유럽뿐만 아니라 아랍어가 모국어인 북부 아프리카와 중동의 여러 나라에서도 공통이다. 내가 프랑스에서 만났던 모로코 출신 유학생의 설명에 의하면, 우리말 '물'에 해당하는 아랍어 낱말은 물론 있지만 '수소水素'라는 과학용어는 고전그리스어 유래의 프랑스어 'hydrogène'을 그대로 가져다 쓴다고 한다. 이와 마찬가지로 한국, 일본, 중국에서 공통으로 사용하는 학술어는 바로 동양의 그리스/라틴어 격인 한자어이다. 액체, 고체, 기체, 산소, 수소, 질소 뿐 아니라 물리학, 화학, 생물학 등등, 서양에서 들어온 수많은 학술어 및 관련용어는 개화기의 일본학자들이 'kanji' 즉 한자를 써서 번역해 놓은 일본어 어휘로서, 한국은 물론 한자의 종주국인 중국에서조차 아무런 논란 없이 이를 그대로 받아들여 사용하고 있다는 사실을 우리는 바로 앞 장에서 확인하였다. 그렇다면 초등학교에서부터 한자를 가르쳐야 옳지 어찌하여 초등학교에서부터 영어를, 그것도 영어로 '몰입교육' 하느라고 야단들인지 한심스럽기 짝이 없을 따름이다.

역시 컴퓨터 화면을 통해서이긴 하지만, 한글로 된「훈민정음어제서문訓民正音御製序文」을 가만히 들여다보고 있으면 한글을 지으신 세종대왕께서는 오늘날 한글 전용주의자들 편에 서 줄 것 같지 않다. "나랏말ㅆ미..."하고 시작하는 그 유명한 글에는 '中國, 文字, 百姓, 爲, 字, 便安' 이렇게 여섯 한자어가 한자로 적혀 있다. 얼마든지 새로 만든 글자 스물여덟 자로만 적을 수도 있었을 터인데 한자어는 우리네 고유어와 구별하여 한자로 적어 놓고 옆에다 자잘한 글씨의 한글로 당시의 음音을 달아 놓았다. 한자 옆 좁은 틈 사이에 끼워 넣었다는 뜻에서 오늘날 서지학 용어로 '협주夾註'라고 하는 것이다. 새로 만든 글자의 이름도 '백성을 가르치는 바른 글자'가 아니라 '백성을 가르치는 바른 소리' 곧 '훈민정음訓民正音'이라고 하였다. 왜 그랬을까? 글자에 담긴 소리는 때가 흐름에 따라 지방이나 나라를 옮겨감에 따라 자연히 달라지게 마련이기에 그 당시 우리나라에서는 '中國'을 '듕귁'이라고 발음하였다는 것, 하지만 '中國'이라는 한자는 예나 지금이나 한결같은 모양으로 뜻을 나타내주는 뜻글자라는 것, 우리말은 말의 짜임새가 소리글자 한글과 뜻글자 한자를 함께 사용해야 원활한 문자생활이 이루어지게끔 되어있다는 것, 이 모든 것을 친히 가르쳐 주신 성군聖君의 큰 뜻이 아니었을까?

그때 그 시절로부터 거의 600년이 지난 오늘이지만 우리말

자체는 크게 변하지 않았다. 발음이야 물론 많이 달라졌지만 문장의 구조(syntax)는 훈민정음의 머리말이 편안하게 읽히는 것으로 보아 예나 지금이나 거의 마찬가지라고 하겠다. 어휘의 형성 면에서 볼 때 외래어가 엄청나게 늘어나긴 했지만 고유어와 한자어의 비율은 그 때나 지금이나 크게 달라 보이지 않는다. 그러므로 이제는 더 이상 한글전용과 한자혼용의 양 진영으로 나뉘어 반론에 반론을 거듭하며 티격태격 편싸움을 벌일 때가 아니라고 본다. 우리가 진실로 우리글과 우리말을 사랑한다면 세종대왕께서 보여주신 본本을 충실히 따르는 것이 가장 지혜로운 길이 아닐까 싶다. 즉, 한자어는 되도록 한자로 적는다는 대원칙을 세워 놓고 한자문맹이 퇴치될 때까지 당분간은 한글로 협주夾註를 달아주는 방법이다. 이는 컴퓨터 기술의 발달 덕분에 얼마든지 가능한 이야기이다. 또한 교육용 기초한자 1,800자는 초등학교에서부터 단계별로 가르쳐야 할 것이다. 교육과 병행하여 1,800자 테두리 안의 한자는 일상생활에서 차츰차츰 활발하게 사용하도록 해야 한다. 학교에서 아무리 열심히 가르친다 해도 생활 속에서 쓰지 않으면 도로 아미타불이 되고 말테니까 말이다. 80년대 이후로 턱없이 늘어난 한자문맹 인구가 단 시일에 줄어들 리는 없다. 교육教育, 즉 가르치고 키우는 일이란 어디까지나 긴 안목으로 먼 훗날을 내다보며 천천히 단계를 밟아

점진적으로 추진해야 하는 만큼 한자교육도 예외일 수 없을 것이다.

끝으로 희망사항 하나만 덧붙이고 싶다. 신문이나 잡지의 가벼운 토막지식이 아니라 학문學問에 관한 무게 있는 글이라면 한 글자로 된 한자어는 하루 빨리 한자漢字로 썼으면 좋겠다. 가령 서양사를 공부하는 학생이 "메디치가가 이룩한 사회문화적 업적은..." 이런 글을 읽는다고 상상해보자. 여기에 '메디치家가' 하고 한자를 한 자만 넣어주면 내용읽기가 한결 수월해지지 않을 것인가? 그리스語, 라틴語, 콥트語, 아르메니아語라든가 올림포스山, 에베레스트山 또는 그리스도敎, 이슬람敎 등등, 외래어가 많이 섞이면 섞일수록 한자는 고유어와 외래어 사이에서 글자의 뜻을 분명하게 짚어주기 때문이다.

2) 외래어 문제

글로벌 시대, 디지털 시대, 사이버 시대 운운하는 지금 우리가 외래어의 홍수 속에 살고 있다는 것은 아무도 부인하지 않는 엄연한 사실이다. 영어로는 'cyber space'로 두 단어이지만 한글로 '사이버스페이스' 하고 일곱 자를 좍 붙여서 '타이핑'해도 흔글 맞춤법 도구가 나서서 빨간 줄 하나 긋지 않는 것을 보니 이미 우리말의 한 식구로 안방까지 들어와 앉은 모양이다.

우리보다 먼저 외래어 해일海溢(tsunami)현상을 겪었던 일본은 'katakana'라는 단단한 방파제防波堤를 만들어 놓았기에 외래어 문제는 조금도 문제가 되지 않는다. 오히려 'kanji'로 써 왔던 자기네 낱말도 근래에 와서는 모조리 외래어로 바꾸는 추세이다. 미국서점에서 영어로 된 만화책을 사려면 'manga'라고 적힌 곳으로 가야 하지만, 캘리포니아에 있는 일본서점에서 일본어로 된 만화책을 사려면 'katakana'로 '코믹쿠komikku'라고 적힌 데로 가야한다. 이는 물론 영어 'comic books'에서 나온 일본 자기네 외래어이다.

외래어는 철저히 중국어로 번역한다는 원칙을 세워 놓은 중국이긴 하지만 외국인명/지명을 중국글자로 옮겨 적는 문제에 있어서는 나름대로의 고민을 안고 있는 것 같다. 타이완Taiwan에서 출판된 한 중국어 성경을 놓고 여기 저기 책장을 넘겨보니 외국인명은 한 줄로, 지명은 두 줄로 가느다란 밑줄이 그어져 있었다. 일본어처럼 외래어를 적는 글자체계가 따로 없기에 자기네 글자 아래 밑줄을 그어주는 방법을 채택하되 인명과 지명을 구별하여 표시할 만큼 세심한 주의를 기울인 번역임을 엿볼 수 있었다.

세 가지 글자를 섞어 쓰는 일본의 문자정책은 서양 학자의 눈에 "세계에서 가장 복잡한 글자"로 보일 정도로 예외적인 경우이고, 세계의 현존 언어 대부분이 한 가지 문자만 쓰고 있다. 글로벌 시대에 세계인의 언어로 군림하는 영어도 로마자 한 가지로만 적는다. 하지만 로마자는 26개 글자가 큰 글자(capital)와 작은 글자(lowercase)로 다르게 적히는 데다가 옆으로 기울인 이탤릭(italic)체까지 사용해 세 가지 일본글자에 조금도 못지않은 다양성과 역동성을 발휘할 수 있다.

우리말에 들어온 외래어는 물론 바다 건너온 서양말, 그 중에서도 영어에서 온 어휘가 대부분이다. 언제부터인가 뜨겁게 불어 닥친 영어교육 '붐' 탓인지, 글로벌 시대 사이버스페이스에서 남보다 한 발이라도 앞서 나가려는 사회풍조 때문인지 아무튼 외래어 범람 문제는 이제 무서운 기세로 도도하게 출렁대고 있다. 무심코 아무 일간지나 집어 들고 큼지막한 글자로 된 제목만 훑어봐도 대충 아래와 같다.

"밸런타인스 데이를 맞아 큐피트의 화살이 되어 줄 로맨틱 데이트 코스를 소개한다. [...] 도심 속 럭셔리 호텔, 나파밸리 와이너리... (2012년 2월 10일자 한국일보 미주판 S면)"

"FTA발 법률전쟁 [...] 세계 3위 로펌 영국 클리퍼드 챈스 온다... 미국 맥더못도 서울행 선언...(2012년 2월 17일자 중앙일보 한국판 사회면)"

이렇듯 외래어의 홍수 속에 사는 우리의 현실, 우리말의 위기를 조금이라도 의식한다면 하루라도 빨리 물난리를 막아낼 튼튼한 둑을 쌓아야 하지 않겠는가? 일본처럼 한자어를 한자로 쓴다면 외래어를 가려내기가 한결 쉬워질 수 있겠지만, 한자문맹 인구가 어느 정도 줄어들 때까지 아직은 한참을 기다려야 할지도 모를 일이다. 아무래도 일본처럼 'katakana'에 상당하는 문자의 둑을 쌓기 전에는 외래어 범람 문제가 쉽게 풀리지 않을 것 같다. 그런데 한글은 일본글자와 달리 홀소리와 닿소리, 즉 모음/자음의 구별이 분명한 글자일 뿐 아니라, 우리말은 모음이 일본어보다 네 배 이상 많기 때문에 'katakana'처럼 완전히 별개의 글자체계를 똑같은 양으로 24자씩이나 다시 만들 필요는 없다고 본다.

키릴문자는 슬라브어 음운에 독특한 소리 몇 가지를 그리스글자만으로는 적을 수가 없었기 때문에 기존의 그리스글자 24개에다가 대여섯 글자를 더 만들어 보태어야 했다. 그나마 우리 한글처럼 새로 만든 것이 아니라, 그리스글자에다 획을 한두 개 더 긋거나 글자 위에 점을 찍어주거나 글자 모양을 뒤로 돌려 세워 놓은 듯 보이게 만들었을 뿐이다. 역시 컴퓨터 화면을 통해 배운 내용이지만, 신숙주와 성삼문을 비롯하여 『동국정운東國正韻』을 편찬한 집현전 학자들도 키릴과 메토디우스 형제 못지않은 슬기를 발휘하지 않았나 싶다. 이는 중국어의 두 잇소리, 즉 '치두음齒頭音'과 '정치음正齒音'

을 적기 위하여 훈민정음 스물여덟 자에 보태어진 옛 글자 열 자를 살펴보면 이내 알 수 있다. 이들 10개 글자는 세종 대왕에 의하여 이미 만들어진 치음齒音 다섯 자, 즉 시옷, 쌍시옷, 지읒, 치읓, 쌍지읒의 원래 모양을 바탕으로 '치두음'은 왼편 획을, '정치음'은 오른편 획을 두 배로 더 길게 뻗친 모양을 하고 있다. 지금은 전혀 쓰이지 않는 글자들이지만 15세기 한자의 소리를 우리글로 적기 위하여 우리글자 28개와는 다른 모양의 글자 몇 개를 더 보태었다는 점, 우리는 이 점을 눈여겨 보아야 할 것 같다.

『동국정운東國正韻』은 '훈민정음'이 반포된 지 2년 후인 1448년에 간행되었다고 한다. 당시 한자의 소리를 새로 만들어진 스물여덟 자로 적어내고자 했던 '운서韻書'라고 하니, 시쳇말로 '15세기 한국에서의 한자음운학 총론' 쯤으로 생각해도 좋을 듯하다. 집현전 학자들 스스로는 중국어 원음에 가까운 소리를 우리글로 적어내고자 한 매우 어려운 일, 오늘날의 견지에서 볼 때 어쩌면 불가능한 일을 시도했던 것인지도 모른다. 하지만 우리말 소리와 중국말 소리를 따로 구별하기 위하여, 당시에 새로 만들어진 훈민정음 28자에다 외국어 표기용으로 열 자를 더 만들어 보태었다는 사실, 이는 외래어의 홍수 속에 사는 오늘의 우리로서 지나치지 말고 배워야 할 하나의 지침指針이 아닐까 생각된다. 말하자면 중국어는 외국어이기에 외국어를 적는 글자는 모양을 다르게 만들어서 외국어와 우리말 사이에 구별을 확실히 함과 동시에 외국어는 외국어라는 이질감異質感을 나타내고자 한 옛 어른들의 깊은 슬기로 해석해도 좋지 않을까?

그렇다. 외국어 소리는 우리말 소리와 다르다. 다른 소리, 곧 이질적인 소리는 이질감을 느끼게 해주는 이질적인 글자로 적어야 한다. 글자모양에서 느끼는 이질감이야말로 외래어 물난리를 막아낼 심리적, 정신적 둑이 될 수 있으리라 믿는다. 그러므로 훈민정음의 머리말을 바탕으로 외래어 및 외국어 인명/지명 표기를 위한 이질적 글자 창안의 필요성을 아래와 같이 적어 본다.

"나라 말씀이 西洋(서양)에 달라 文字(문자)와도 소리와도 아귀가 맞지 아니한데, 어린 百姓(백성)은 물론이요 배웠다는 사람까지 西洋말이 들리는 족족 우리말에다 마구 뒤섞어 뒤범벅을 만들고 있다. 우리말과 西洋말 사이에는 大西洋(대서양) 바닷물만큼 異質感(이질감)이 있다 해도 틀린 말이 아니다. 그러므로 訓民正音(훈민정음) 스물여덟字 가운데 오늘날 쓰지 않게 된 옛 글자를 되살려 千萬里(천만리) 바다 건너 空間的(공간적) 異質感을 600年(년) 時間的(시간적) 異質感으로 메우도록 함이 어떨까 한다."

외래어 표기용으로 만들어야 할 보충글자는 열두 자가량 생각해 볼 수 있을 것 같다. 그런데 [v]와 [f] 소리를 적기 위한 글자 둘은 이미 만들어져 있다. 1900년대에서 1930년대까지 쓰였던 겹글자 'ᅄ'과 'ᅋ'이 그것이다. 이 두 글자는 '입술 가벼운 소리'로서 이른바 '순경음脣輕音 비읍'과 '순경음 피읖'이라고 불러도 좋겠다. 원래 '순경음 비읍'은 훈민정음 머리말에도 나와 있을 만큼 조선시대 초엽에는 우리 조상들의 입에 자주 오르내렸던 소리로 짐작된다. 이 '순경음 비읍'을 바탕으로 우리의 신문학 시대 문인들이 모양을 살짝 바꾸어 [v]와 [f] 소리 표기용으로 겹글자를 만들었다. 보다시피 비읍/피읖과 동그라미의 아래 위 짜임새를 왼쪽 오른쪽 짜임새로 바꾸어 놓았던 것이다. 1926년에 발표된 정지용 시인의 시詩 제목 "카페 프란스"에 – 컴퓨터 한글자판에 들어 있지 않아 여기에 똑 같이 적을 수는 없지만 – 또렷이 적혀 있다. 신문학 시대로부터 거의 100년이 지난 지금이지만 [v]와 [f] 소리의 외래어를 적는 데에 이보다 나은 글자는 달리 없을 성 싶다. 원음에 가깝게 발음할 수 있는 사람이라면 얼마든지 윗니로 아랫입술을 스치는 소리를 내도 좋고, 그저 우리 한국인에게 자연스런 소리로 읽어도 상관없다. 외래어나 외국 인명/지명을 우리말과 구별하여 쓰기와 읽기가 목표인 만큼 발음은 이래도 좋고 저래도 좋다.

세 번째 글자는 세종대왕께서 만드신 28자 가운데 오늘날 쓰이지 않는 삼각형 모양의 '여린 시옷'을 생각할 수 있겠다. 이는 이 책에서 제안하는 12개 글자 가운데 유일하게 겹글자가 아닌 홑글자인데 서양언어에서 자주 접하게 되는 [ʂ], [ʃ], [θ], [ð] 소리를 적는데 사용했으면 좋을 것 같다.

네 번째 글자 역시 훈민정음 28자에 포함된 옛 글자 '겹히 읗'이다. 이는 '로만스Romance' 계통 언어(프랑스어, 스페인어, 이탈리아어, 등등)를 제외한 인도유럽어에서 흔히 들리는 [ɦ] 소리, 또는 목젖에서의 울림이 [ɦ]보다 더욱 거센 [χ] 소리의 외래어 및 외국어 인명/지명 표기에 사용하면 좋겠다. 바흐(Bach)의 '흐'라든가 헨델(Händel)의 '헨'은 사실 독일어 원음과는 상당히 먼 소리이기에 원음에 가까운 표기를 고집하는 이들은 '바하', '핸델'을 주장하기도 한다. 그러나 이제는 우리 국민 대부분이 'ㅐ' 글자와 'ㅔ' 글자의 소리를 구별하지 않게 되었다. '바하'와 '핸델'을 겹히읗으로 처리한다면 낯선 글자모양이 낯선 느낌을 주긴 하겠지만, 발음 또한 이래도 좋고 저래도 좋겠지만 이는 어디까지나 외국사람 이름이라는 사실만큼은 아무도, 고전음악을 모르는 사람이라도 의심할 수 없게 될 것이다. 다만 이는 [ɦ] 소리를 적자는 것이지 무조건 'H/h' 글자를 우리글로 적자는 것이 아님을 분명히 해두어야 하겠다. 프랑스어, 스페인어와 같은 '로만스

Romance' 계통의 언어에서 'H/h'자는 소리가 나지 않는 글자이기 때문에 프랑스의 작가 '위고Hugo'라든가 남미南美에 있는 나라 '온두라스Honduras'에 겹히읗을 사용할 수는 없다는 뜻이다.

위에서 언급한 바와 같이 세 번째 글자 삼각형 모양의 '여린 시옷'을 제외하면 마지막 열두 번째까지 모두 11개 글자는 지금 우리말에서 쓰이지 않는 겹글자들로서 이를 가나다라 순으로 나열하자면 '겹니은/겹리을/겹미음/겹이응/겹치읓/겹키읔/겹티읕/겹피읖'이다. 이들 글자로 된 우리말 어휘는 하나도 없기 때문에 외래어 표기용으로만 별도의 사용이 가능하다고 생각한다. 그 가운데에서도 특히 '겹리을'과 '겹이응'은 다른 여섯 글자에 비하여 사용 빈도가 훨씬 많다고 생각되기에 아래에 몇 가지 예를 들어 본다.

첫 소리가 [l]로 시작하는 외래어는 리을 자 둘을 겹쳐서 '겹리을'로 적을 것을 제안한다. "럭서리(luxury) 호텔"이니 "웰빙 라이프(life)" 같은 신문잡지의 선전문구 나부랭이에는 우리말 지킴이로서 신경을 곤두세우지 않아도 큰 탈이 날 일은 아닐지 모른다. 하지만 '법과 대학'이라든가 줄인 말 '법대' 같은 학문 및 전문 지식분야의 어휘마저 '로(law)스쿨'에 떼밀려 이미 떠내려 가버렸는지도 모를 판국인 데다가, '법률 사무소'와 '법률 합자회사'도 '로펌(law firm)'이라고 하는 지경이다. 얼마 가지 않아 '변호사'마저 '로이어(lawyer)'에 밀려 떠내려가지 않으리라고 누가 장담할 수 있으랴. 하루 빨리 리을 자를 겹쳐 쓴 문자의 둑을 겹겹이 쌓아 올려야 하겠다.

한자문화권의 중국어와 일본어를 제외한 모든 외국어 인명/지명 표기에서 첫 소리가 모음인 경우는 이응 자 둘을 겹쳐서 '겹이응'으로 적을 것을 제안한다. 영어권 나라들과 프랑스에서 아주 흔한 여자 이름 '안(Anne)'처럼 한 자로 적히는 짧은 이름이든, '오스트리아(Austria)'처럼 다섯 자로 적히는 지명地名이든 맨 앞 글자를 우리말에서 쓰이지 않는 '겹이응'으로 처리한다면 이는 곧 외국 인명/지명임을 대번에 알 수 있게 된다. 지금까지 언급한 12개 글자를 다음과 같이 정리해 본다.

외래어 및 로마자 인명/지명 표기용 한글 낱자

	겹글자 이름	소리	한글표기	원어
1	순경음 비읍	[v]	옌 예건	Wien vegan
2	순경음 피읖	[f]	쁘랑스 빠일	France file
3	여린 시옷	[s], [ʃ], [θ], [ð]	ㅅㅣ리아 슈베르트 스포츠 스로우	Syria Schubert sports Thoreau
4	겹히읗	[ɦ], [x]	바 ᅘᅡ ᅘᅥᆼ가리	Bach Hungary
5	겹니은	[n]	ᄔᅡ이지리아	Nigeria
6	겹리을	[l]	ᄙᅡ오스 ᄙᅩ펌	Laos law firm
7	겹미음	[m]	ᄜᅩ나코 ᄜᅦᆫ토	Monaco mentor
8	겹이응	모든 母音 소리	ᅇᅩ스트리아 이ᄝᅮᆨ	Austria e-book
9	겹치읓	[ʦ], [ʧ]	쪨레	Chile
10	겹키읔	[k]	꼬스타리카	Costa Rica
11	겹티읕	[t]	떠키	Turkey
12	겹피읖	[p]	빠키스탄	Pakistan

[k] 소리로 끝나는 외래어 및 외국 인명/지명은 '키읔'자 받침으로 처리했으면 좋겠다. '키읔'이 받침으로 된 우리말 어휘는 '부엌', '들녘', '동틀 녘', '해질 녘' 외에는 좀처럼 보기 드문 데다가 '키읔'자가 받침인 상용 한자어는 한 자도 없다. 따라서 외래어를 우리말과 구별하여 적는 글자로는 안성맞춤으로 보인다. 'e-book'은 첫 소리에 겹이응을 쓰지 않더라도 '이북'으로 표기한다면 '이북(以北)'과의 혼돈을 피할 수 있을 것이다. 그러므로 19세기 프랑스의 소설가 Balzac은 '발작'으로, 'book club'은 '북클럽'으로, 'book café'는 '북카페'로 표기하는 것이 바람직하다.

또한, '북카페'의 경우와 같이 첫 자를 '북'처럼 낯선 글자로 표기한 연후에는 이 낯선 글자가 맨 앞에서 외래어 범람 현상을 막아주기 때문에 이어지는 두 글자 '카페'를 굳이 '겹키읔'과 '순경음 피읖'으로 처리하지 않아도 된다. '오스트리아'의 경우도 마찬가지로 첫 글자를 '겹이응'으로 표기하기만 하면 이 낯선 겹글자가 맨 앞에서 외래어 물난리를 막아낼 든든한 둑이 되어주기 때문에 뒤이어 나오는 글자 '스'를 '여린 시옷'으로 바꿀 필요가 없어진다. 앞의 표에서 보여주는 바와 같이 단순히 맨 첫 글자를 겹글자로 처리하는 경우가 대부분이다. 요는 외래어 범람을 버티어 낼만한 문자의 둑을 겹겹이 쌓자는 뜻이다.

현재 외래어 범람현상은 한글전용과 무관하지 않다. 한자와 한자어를 몰아낸 그 자리에 영어가 비집고 들어온 꼴이다. '법대法大'는 '로 스쿨'로, '계피桂皮가루'는 '시나몬 파우더'로 둔갑해버렸다. '차례'나 '목차'라고 적혀야 할 자리에 'CONTENTS'가 버젓이 들어앉아 있기도 하다. 게다가 '문화 콘텐츠'라는 외래어는 해외교포2세에게 영어로 설명하려니 골머리를 싸안아야 할 정도로 이상야릇한 우리말인 것 같다. 일본에서 외래어를 우리보다 더욱 많이 쓰고 있긴 하지만 외래어는 모두 katakana로 적기 때문에 이는 외래어 선호현상일 뿐 결코 외래어남용이라든가 범람이라고 할 수는 없다. 21세기 한국의 텔레비전 방송 제목에는 한글로 표기된 영어단어가 엄청나게 많다. 짧은 시일에 한자문맹에서 벗어날 수 없는 것과 같이 외래어 범람현상도 하루아침에 해결될 수 없는 어려운 문제이다. 그러나 천리 길도 한 걸음부터라고 하니 우리 모두가 우리말을 아끼고 사랑하는 마음으로 지금 우리에게 닥친 문자文字문제를 하나 둘씩 해결해 나가는 방향으로 힘을 모아야 할 때이다.

중국의 인명/지명은 한자문화권의 세 나라에서 천년 너머 이어온 전통을 꾸준히 지켜나가야 할 것이다. 일본에서는 중국의 인명/지명을 'kanji'로 쓰고 자기네 일본식으로 읽는다.

마찬가지로 중국에서는 'kanji'로 된 일본의 인명/지명을 중국식 음으로 읽는다. 유독 우리만 이 오랜 전통에서 엉뚱하게 미끄러져 나가 길 잃은 고아孤兒처럼 '마오쩌둥'이니 '허난성'이니 '허베이성'이니 하며 이도저도 아닌 소리를 내고 있다. 지금이라도 하루 빨리 잃어버린 전통을 되찾아야 한다. 앞에서 제안한 바와 같이 중국의 인명/지명은 한자로 쓰고 한자의 우리식 음을 협주夾註로 달아 주는 방법이 좋으리라 생각한다. 현재 중국에서 쓰는 간체자로 적혀 있더라도 본래의 전통한자를 읽을 수 있다면 그다지 문제가 되지 않을 것이다. 'Wikipedia'를 비롯하여 웬만한 백과사전에는 중국의 인명/지명이 간체자(simplified)와 번체자(traditional)로 함께 표기되어 있다. 아무튼 우리끼리는 편하게 '모택동毛澤東', '하남성河南省', '하북성河北省'이라 하면 되고, 굳이 중국식 원음을 알고 싶다면 '흔글'의 '한자로 바꾸기'만 클릭하면 각 글자마다 'Pinyin'으로 원음이 적혀 있으니 조금도 문제가 되지 않는다. 고등교육을 받고도 기초한자 1800자 정도를 읽지 못하는 한자문맹 인구는 많은데, 초등교육만 받아도 'Pinyin'을 적은 글자, 즉 로마자를 읽지 못하는 우리나라 사람은 이제 거의 없지 않은가?

그러므로 일본의 인명/지명 또한 한글보다는 로마자로 적는 편이 나을 것 같다. 앞 장에서 언급한 바와 같이 '일본어의 '로마자 표기법'은 오래 전에 정립되고 공식화되어 있다. '東京'이라고 'kanji'로 적혀 있으면 중국 사람들이 'dong-jing'이라고 읽는 것과 마찬가지로 우리는 입으로든 눈으로든 '동경'이라고 읽으면 될 일이다. 굳이 '도쿄'라고 한글로 적을 바에야 'Tokyo'라고 적는 편이 낫다고 생각한다. 한 일본인 2세가 중부 캘리포니아 농장에서 알이 굵은 포도를 재배하여 'Kyoho Grapes'라는 이름으로 여러 도시의 슈퍼마켓에 공급하고 있다. 캘리포니아의 일본 마켓에서는 로마자 'Kyoho' 아래에 반드시 한자 '巨峰'이 함께 적혀 있는데, 근처의 한국 마켓에는 'Kyoho' 옆에 한글로 '교호'포도라고 쓰여 있었다. '巨峰'이라고 적힌 한자를 우리의 소리로 '거봉'이라고 읽을 수 없는 한글세대 한국교민들이 운영하는 마켓이니까 그러려니 하고 짐작할 따름이다. 하지만 이런 경우에도 '교호'포도가 아니라 'Kyoho'포도라고 적어주면 이는 우리말이 아니라 일본말이라는 사실이 분명해질 것이다. 일본인의 이름자 'kanji'는 읽는 방식이 여럿이기 때문에 우리로서는 전혀 신경을 쓸 대상이 아니다. 역시 앞 장에서 언급한 바 있지만 '豊田'이라고 쓰고 'Toyota'라고 훈독訓讀하는 인명과 자동차 이름의 경우 중국에서는 자기네 식으로 'feng-tian'이라고 한다. 이런 경우 우리말로 '토요타'보다는 'Toyota'라고 적어서 외래어라는 테두리를 뚜렷이 정해 주는 편이 낫지 않을까 한다.

서양 고전문헌에 등장하는 인명/지명 또한 로마자로 표기할 것을 제안한다. 예를 들어 기원전 5세기 페르시아(Persia) 왕 Xerxes는 현대 영어로는 얼추 '저륵시즈'라고 발음되지만 이 유명한 임금의 이야기를 다룬 옛 페르시아어, 아랍어, 히브리어, 그리스어, 라틴어 문헌에서의 글자와 철자법과 발음이 제각각 다를 뿐 아니라, 이들 고전문학을 현대 유럽의 여러 나라말로 번역한 책에서도 갖가지로 다르게 쓰이고 읽히고 있다. Xerxes가 등장인물로 나오는 불후의 명작『페르시아 사람들』을 남긴 그리스 비극작가 Aeschylus는 미국대학의 교수들조차 '에스컬러스', 혹은 '이스컬러스'라고 할 뿐 딱히 하나로 통일된 발음이 없는가 하면 유럽 여러 나라말에서의 철자법과 발음은 또 제각각이다. 그러므로 이런 문제를 가지고 아득한 옛 나라 현지의 현실음을 찾아서 엇비슷하게 들리게끔 한글로 적으려 한다는 것은 불가능에 도전하는 일이요 괜한 헛수고가 되기 십상이다. 서양문학과 고전문헌의 번역이 날로 활발해지고 있는 오늘날 우리네 눈에 낯익은 글자 로마자로 적는 편이 가장 지혜로운 길이라고 생각한다.

사실 로마자는 벌써 부터 우리글 속에 들어와 있다. 'YS 시절'이니 'MB'니 하는 대통령의 '이니셜'뿐만 아니라 'IT산업'이니 'FTA발 법률전쟁' 운운하면서 점점 늘어날 기세다. 기왕 이렇게 된 바에야 로마자의 사용범위를 확실히 정해 놓는 것이 바람직하다. 첫째는 일본의 인명/지명 표기용으로, 둘째는 서양 고전문헌의 인명/지명 표기용으로, 셋째는 현재 우리말 속에 들어와 있는 로마자 머리글자로 된 단어 표기용으로 테두리를 정해 놓자는 것이다. 따라서 'FIFA'라든가 'TOEFL'이나 'TOEIC'처럼 머리글자(initial)일 뿐 아니라 머리글자로 된 낱말(acronym)일 경우에는 로마자 그대로 적어야지 '피파'니 '토플시험'이니 '토익영어'니 하는 식의 한글전용은 결코 바람직하지 못하다.

세계가 한 지붕이 된 오늘날 우리말을 적는 글자는 세 가지라고 해야 할 때가 되지 않았나 싶다. 일본에서는 'kanji/hiragana/katakana' 세 가지 글자에 이어 네 번째로 'romaji'도 자기네 말을 적는 글자의 하나로 셈에 넣자는 주장이 없지 않다. 중국은 'Pinyin'의 사용을 공식화하는 데 성공한 이후로 한자와 'Pinyin'을 각각 쓸모에 따라 골라 쓰기도 하고 함께 쓰기도 하는 '이중문자二重文字(digraphia)' 정책을 고수하고 있다. 우리도 이제는 한글, 한자 그리고 로마자를 효과적으로 섞어 쓰는 '3문자(trigraphia)' 정책을 세워야 할 때이다. 예를 들어 아래와 같이 쓰면 어떨까?

'독도'라고 바른 소리로 읽히는 뜻글자 獨島는 뜻글자로 적어야 Takeshima라는 바르지 못한 소리가 엉큼하게 기웃거려도 썩 물러가라고 큰 소리 칠 수 있지 않을까?

3) 우리말다운 우리말

"나쁜 돈이 좋은 돈을 내몰아 버린다"고 하는 '그레샴 Gresham의 법칙'을 우리말에 적용하여 표현하자면, 우리말 답지 못한 우리말이 우리말다운 우리말을 몰아내고 있지 않나 생각될 정도로 귀에 선 말들이 자주 들린다. 하기야 10년이면 강산도 변한다는데 미국이민 10년 만에 처음으로 했던 고국방문 동안 이상야릇하게 들리는 우리말 때문에 좀 멍한 기분이 들었던 것은 어쩌면 당연한 일인지도 모르겠다. 은행에서 볼 일이 끝나 "안녕히 계세요" 하고 돌아서는데 "예, 좋은 하루 되세요" 하는 인사말에 발걸음이 약간 움찔하였다. KTX라는 기차를 탔더니 통로에 설치된 화면에서 짧은 간격을 두고 계속 "행복한 여행을..." 혹은 "행복하세요!" 하는 소리가 끊이지 않았다. 친구네 집에 머물던 어느 날, 어디선가 전화오기를 기다리던 참에 따르릉 소리가 나서 달려가 받으니 "고객님, 사랑합니다" 하는 소리에는 대꾸도 않고 끊을 수밖에 없었다.

미국에서는 여느 상점에서 물건을 사고 값을 치르고 나면 점원이 으레 기계적으로 "Have a good day!"라고 하지만 이는 우리말 "안녕히 가세요"에 상당하는 틀에 박힌 인사말이다. 부모자식 사이나 부부 사이에서 전화통화를 끝낼 때 자주 하는 말 "I love you"도 우리말 '안녕'에 해당하는 끝 인사말 정도에 지나지 않는다. 그런 미국에서도 단골손님, 즉 고객을 사랑한다는 소리는 들어본 적이 없다. 가장 영어다운 영어가 들리는 나라 영국의 철도와 지하철에서는 '승객乘客'이라는 뜻으로 'passenger'라고 하는데, 우리나라 수도권 전철에서 하는 영어방송에서는 'customer'라고 하는 까닭은 또 무엇일까? '승객'은 철도공사의 '비즈니스'에서 모시는 손님, 곧 철도고객이니까 우리말 '고객'을 전자 한영사전에 물어보아 즉시 나오는 대로 옮긴 것이려니 하고 짐작할 뿐이다.

"좋은 하루 되세요"라든가 "고객님, 사랑합니다" 같은 말이 우리말답지 않게 들리는 이유는 영어에서 번역한 말투인 데다, 그것도 앞뒤 문맥을 고려하지 않고 직역한 말이기 때문이다. "좋은 하루 되세요"는 하나에서 열까지 최강선진국 미국을 따라가느라 헐떡이다 보니까 그러려니 하고 참아줄 만도 하지만, "고객님, 사랑합니다"는 귀에 거슬리다 못해 눈살까지 찌푸려진다. 상업주의에다 싸구려 센티멘털리즘으로 범벅이 된 말이다.

'사랑'이란 말은 한자어도 외래어도 아닌 순수한 우리말이기에 되도록 사랑하고 싶긴 하다. 그러나 이는 불행히도 버터 냄새 짙은 미국물이 스며들어 한 물이 아니라 열 물 쯤 가버린 말 같다. 고전 그리스어에서는 명확하게 구별되는 세

단어 'philos/eros/agape'가 영어로 번역되면서 모조리 'love' 한 단어로 옮겨진 이후로, 영어의 막강한 세력 아래 놓인 우리말도 "너희는 서로 사랑하라"는 성경구절에서부터 "사랑해, 당신을/오빠", "사랑해요, 엄마, 아빠"를 거쳐 "고객님, 사랑합니다"에 이르기까지 누구나 열나게 사랑해 온 나머지 뜻이 묽어지고 빛바랜 말, 해도 좋고 안 해도 좋은 말, 극히 가벼운 인사말이 되어 버렸다.

그리스도교 신자끼리 남자면 '형제님', 여자면 '자매님' 하고 부르는 것도 우리말답지 못하다. 이 또한 'brother'는 '형제', 'sister'는 '자매'라고 사전에 적혀있는 대로의 영어, 옛날 같으면 중학교 수준이요 지금은 초등학교 수준의 영어를 글자 그대로 직역하여 쓰는 말이려니 하고 짐작해 본다. 모르긴 몰라도 외래어를 우리보다 훨씬 더 즐겨 쓰는 일본에서 그리스도교 신자끼리 남자에겐 '아무개 burada-', 여자에겐 '아무개 sisuta-' 하고 부르는 일본식 호칭관례와 무관하지 않은 것 같아 더욱 귀에 거슬린다. 우리말은 손위 손아래가 분명한 말이다. '형兄'은 손위고 '제弟'는 손아래이므로 '형제'를 영어로 옮기면 복수형으로 'brothers'가 된다. 마찬가지로 '자姊'는 손위 누이요 '매妹'는 손아래 누이니까 '자매'는 'sister'가 아니라 'sisters'에 해당한다. 동방예의지국에서 멀리 떨어진 서양말은 손위 손아래는 묻지도 않지만 하나냐 둘 이상이냐 하는 셈만큼은 철두철미 따진다. 따라서 신자 한 사람을 향하여 '형제님', '자매님' 하고 부르는 것은 우리말 어법에도 영어 어법에도 맞지 않는다.

손위 손아래가 분명한 우리말이기에 높임말과 낮춤말이 여러 등급으로 나뉘어 있을 뿐 아니라 호칭呼稱 또한 가지가지로 세분되어 있다. 영어로 말할 때는 상대방의 이름을 부르거나 'you' 한 마디면 되는데 우리말로는 당사자의 나이, 성별, 가족관계, 인척관계, 직업, 직장, 사회에서의 위치에 따라 호칭이 몇 가지로 달라지는지 대강만 꼽아 보아도 두 자리 수는 너끈 된다. 그래서 서양 사람들이 입을 모아 한국어는 배우기가 무척 힘든 말이라고들 한다.

외국인이 배우기 어려워한다고 해서 우리말은 어렵고 복잡한 언어라고 생각한다면 이는 그야말로 어리고 모자란 생각이다. 세계 어느 나라 말이든 저마다 장점과 단점을 고루 갖추고 있다. 어느 한 나라말에서는 하나로 뭉뚱그린 어휘가 다른 나라말에서는 여럿으로 세분되는 경우가 있고 그 반대일 수도 있다. 예를 들어 에스키모어에서는 '눈'을 가리키는 말이 4개로 세분되어 있다는데, 아랍어로는 '눈'이나 '얼음'이나 하나로 뭉뚱그려진 단어 'talg'뿐이라고 한다. 물론 아랍어는 아랍어대로 풍부한 구석이 따로 있게 마련이다.

이는 미국의 권위 있는 일간지 'New York Times'의 기자로서 1980년대는 이집트에서, 90년대는 중국에서 특파원으로 활약했던 N. D. 크리스토프Kristof가 쓴 글에서 배운 내용이다. 글쓴이는 에스키모어, 아랍어 어휘에 뒤이어서 영어 어휘에 비하여 중국어 어휘가 풍부한 경우를 나열하고 있다. 영어 'silk'에 해당하는 중국어 어휘는 19개이고 'rice'는 8개, 그리고 'uncle'은 5개나 된다고 한다. (우리말로도 'rice'는 '모/벼/쌀/밥'으로 세분되는 한편, 'uncle'은 '백부/중부/숙부/계부/고모부/이모부/외삼촌'에다 '당숙/외당숙'까지 합하면 중국어보다 더 많지 않나?)

반면에 영어는 과학(science), 민주주의(democracy), 섹스(sex) 이 세 분야에서 중국어보다 훨씬 어휘수가 많다는 점을 일화逸話를 들어가며 설명하였다. 이를테면 '자유'니 '민주주의'니 하는 말은 중국어에 들어온 지 겨우 100년 정도밖에 되지 않는 데다가, '개인주의'라든가 '프라이버시(privacy)'에 해당하는 중국어 어휘는 아직까지도 느낌이 별로 좋지 못한 말로 취급된다고 했다. 특히 '섹스'에 관련된 용어가 영어는 현대중국어보다 월등하게 많다며 들려준 이야기를 소개하면 다음과 같다. 미국의 한 사회심리학자가 중국인의 성생활에 관한 연구서를 쓰기 위해 샹하이上海에 체류하면서 중국 여성을 상대로 중국어로 설문조사를 실시하게 되었는데, 영어 'orgasm'에 상당하는 현대중국어 어휘를 아무리 찾아도 끝내

발견하지 못한지라 결국 '쾌감(pleasant feeling)'이라는 막연한 말로 대신할 수밖에 도리가 없었다는 것이었다.

영어의 강점이 그런 곳에 있다면 우리말의 강점은 어디에 있을까? 이에 대한 해답은 역시 국어학자 이익섭 선생님의 『우리말 산책』 제 4부 「문법」에 실린 3편의 글 속에서 찾아볼 수 있을 것 같다. 3편의 글 제목을 순서대로 나열하면 ㈎ '한 뼘'에서 '한 아름'까지, ㈏ '설'과 '살', ㈐ '은/는'과 '이/가'이다. 아래에 이 3편의 글 내용요약과 함께 덧붙이고 싶은 말 몇 마디를 적어본다.

　㈎ 우리말은 '뼘'이나 '아름'처럼 수량을 나타내는 '단위어
　　單位語'가 아주 다채롭다. '집 한 채', '방 한 칸', '밥 한
　　끼'처럼 우리네 귀에 익은 말에서부터 '산나물 한 쾌기',
　　'고사리 한 모숨' 등 좀 낯선 말까지 보기로 등장하는 '단
　　위어'가 거의 40개에 이르고 있다. 생선 가게에 가서도
　　"이거 한 '마리/손/두름/쾌/축' 주세요" 하고 생선 종류
　　에 따라 알맞은 말을 골라서 해야 하니 정말 복잡하고
　　골치 아픈 한국어인가 하고 생각할지도 모른다. 하지만
　　우리말은 이쪽으로 잘 발달되어 있기에 바로 이런 점에
　　묘미가 있다. 이렇게 감칠맛 나는 '단위어'가 풍부하다는
　　것은 우리말의 장점 가운데 하나로 꼽히고도 남지 않을

까 한다.

㈏ "한 '살' 더 먹으려면 '설'을 쇠야 하고, '설'을 쇠면 어쩔
수 없이 한 '살' 더 먹게 되고 그렇게 '살'과 '설'은 맞물
려 돌아가는 짝꿍인 것"이다. 이처럼 우리말에는 뜻이
비슷하면서 생김새도 비슷한 모습을 한 짝들이 꽤 있는
데, '맛/멋'이야말로 정말 '맛'나게 그리고 '멋'지게 만들
어진 짝이다. 특히 의성어擬聲語와 의태어擬態語에 눈을
돌리면 눈이 휘둥그레질 정도로 많다. '반짝반짝/번쩍
번쩍'으로 시작하는 짝꿍 리스트는 금방 책 한 쪽을 꽉
채우고도 모자랄 지경이다.

짝 단위를 떠나서 낱말 하나만 놓고 생각해도 우리말은 의
성어와 의태어, 즉 '소리시늉말'과 '짓시늉말'이 넘치도록 풍
부하다는 것, 이 또한 우리말의 장점이라고 할 만 하다. 영어
에는 의성어/의태어를 한 단어로 뭉뚱그린 말 'onomatopoeia'
밖에 없지만, 이 고전그리스어 유래의 학술어 개념에서 우리
말은 한 발 더 나아가 '소리시늉말'과 '짓시늉말'로 구별하고
있다. 예를 들어 '생글생글'은 웃는 모습을 나타내기에 '짓시
늉말'이고 '보글보글'은 된장찌개가 끓는 소리를 나타내기에
'소리시늉말'인 것이다.

㈐ 외국인이 한국말을 한국사람 뺨치게 잘하는 수준이 되
어도 마지막까지 극복하지 못하는 어려운 문법은 바로

'은/는'과 '이/가' 이 네 가지 주격조사主格助詞의 용법이다. 이를 우리는 어떤 이론을 배워서가 아니라 직관直觀으로 알고 있다.

이러한 '직관'은 한국어 원어민(native speaker)만이 타고 난 직관이다. 하긴 외국인 가운데 일본인은 제외할 수도 있겠다. 받침이 없는 일본어이기에 주격조사는 'wa'와 'ga' 둘 뿐이지만 용법은 우리말과 전혀 다를 바 없다. 그래서 미국 캘리포니아에 있는 이런저런 대학의 고급일본어 반에서 가장 우수한 학생들은 모두가 한국유학생이라는 사실, 이는 조금도 놀랄 일이 아니다. 반면에 영어 문장, 즉 영문을 우리말로 옮길 때 이 네 가지 주격조사를 사용하여 제대로 번역한 경우와 그렇지 못한 경우는 대번에 드러나게 마련이다. 가령 "He has a big nose."와 같은 초급영문을 우리말로 옮긴다고 할 때, "그 사람은 코가 크다"라고 해야 자연스런 우리말이지, 영한사전 첫머리에 나와 있는 대로 직역하여 "그 사람은 하나의 큰 코를 갖고 있다"라고 옮긴다면 이는 도무지 우리말이라고 할 수 없는 번역 투의 문장이다.

이제 우리말의 장점을 정리해 보도록 하자. 우선 어휘 면에 있어서 ㈎ 감칠 맛나게 잘 발달된 '단위어', ㈏ 재미있는 '짝꿍'과 더불어 넘치도록 풍부한 의성어와 의태어, 다음으로 문장 면에 있어서 ㈐ 4개의 주격조사가 '고유한 용법으로

(idiomatically)' 제어되고 있다는 점이다. 이 세 가지 장점이 모두 한자어도 외래어도 아닌 토종 우리말 속에 있다는 것은 물론 당연한 사실이긴 하지만 어떻게 보면 우리만이 누릴 수 있는 복이요 또 우리말의 자랑거리가 아닐까 싶다. 나아가 이는 널리 세계로 뻗어나가는 한국어의 '3대 장점'이라고 불러도 좋을 것 같다.

우리말의 장점을 잘 살려서 쓴 글일수록 우리말다운 우리말, 우리글다운 글이 되기 마련이다. 이는 서양문학 작품을 우리말로 번역한 글에는 더욱 뚜렷이 드러난다. 원문이 훌륭하면 훌륭할수록 우리말 번역은 한층 더 어려워진다. 훌륭한 원문은 원문다운 원문이고 훌륭한 번역은 우리말다운 우리말로 옮긴 글이다. 서양문학의 우리말 번역은 아직도 많은 문제점을 안고 있는 것 같다. 앞서 논의한 바, 한글과 한자와 로마자를 효과적으로 섞어 쓰는 '3문자정책'이라도 어느 날 정립된다면 한결 수월한 해결의 길이 열리지 않을까 기대해 본다.

세계 어느 나라의 문학이든 가장 문학다운 문학은 고전문학이다. 근대 서양문학에서 기라성처럼 빛나는 시인들은 거의 모두가 '서양의 시인'으로 불리는 Vergilius의 작품을 자국어로 번역하는 습작習作을 통해 시작詩作의 첫걸음을 내디디

곤 했다. 오늘날 영어문법에서 미래시제를 나타낼 때 사용되는 두 조동사 'will'과 'shall'은 종교개혁의 선구자 존 위클리프(John Wycliffe)가 14세기 말엽 라틴어 성경을 번역하면서 고안해 낸 새로운 '아이디어'에서 비롯하였다. 라틴어는 동사의 미래시제 활용규칙이 엄격히 정해져 있지만 당시의 영어는 구어체 일상어였을 뿐, 미래(future)라는 개념은 아직 생각도 못하고 있던 때였고 당연히 미래시제도 없었다. 이에 위클리프는 라틴어 원문이 'volere(원하다)'의 현재형이면 'will'을 사용하여 장차 어떤 행위를 하겠다는 의지를 나타내도록 옮겼고, 원문이 미래시제인 경우에는 'shall'을 사용하여 어떤 행위가 미래에 단순히 일어나게 되어 있다는 뜻이 되도록 번역하였던 것이다. 그 후, 1611년에 탄생한 '흠정역 성경(King James Bible)'은 영어가 오늘날 세계 제1의 막강한 언어로 자라나게 된 과정에서 절대로 빼놓을 수 없는 번역문학작품으로 간주되고 있다. 오늘날 미국의 교회들은 'King James Bible'은 고리타분한 옛날 영어라고 하여 현대인의 감각에 맞는 최근 번역본을 사용하고 있지만, 교회의 테두리를 벗어나 종교와 전혀 관계없는 글에서 신자든 비신자든 자기 글의 격조와 품위를 높이고자 인용하는 성경 번역본은 예외 없이 'King James Bible'이다.

성경 번역에 관한 이야기가 좀 길어졌지만 내친 김에 몇 마디 더 해야겠다. 미국의 경제전문 저널리스트였던 포브스 (B. C. Forbes)가 세우고 아들과 손자가 3대에 걸쳐 발행하고 있는 경제인의 잡지 *Forbes Magazine*은 몇 년 전부터 중앙일보 시사미디어가 『포브스 코리아』라는 이름으로 한국어판을 내고 있다. 한국 사람들이 많이 모여 사는 로스앤젤레스와 주변의 위성도시에는 어디가나 시립도서관이 있기에 한국어 책도 심심찮게 볼 수 있다. 한국어 잡지도 대여섯 가지씩이나 줄줄이 꽂혀 있는 서가에서 어느 날 무심코 『포브스 코리아』 111호(2012년 5월)를 집어 들게 되었다. 뒤표지 겉장 바로 앞 쪽에 'Thoughts on Golf'라는 제목 아래 유명한 사람들이 골프치기에 관하여 했던 이런저런 말들이 한 페이지 가득 인용되어 있었다. 오른쪽 한 귀퉁이에 성경구절이 눈에 띄어 자세히 보았더니 구약성경 '잠언箴言'을 인용한 것이었고 영어원문은 역시 'King James Version'이었기에 17세기 영어철자법대로 적혀 있었다. 이를 우리말로 번역한 글이 바로 옆에 붙어 있고 그 아래에 인용문의 출처出處를 밝힌다는 뜻으로 '속담 24:17'이라고 쓰여 있었다. '구약성경 잠언(the Proverbs)'이라고 해야 할 것을 엉뚱하게 '속담(proverb)'이라고 옮긴 것, 이 또한 초고속 사이버 시대에 책으로 된 두툼한 사전을 찾아볼 시간은 물론 없고 전자사전을 두드려 맨 처음에 나오는 말을, 속담에 왜 번호가 붙어 있을까 생각해 보지

도 않고 그대로 우리말 번역어로 골라잡은 것이려니 하고 짐
작할 뿐이다. 영어는 관사冠詞 'the'가 있고 없고에 따라, 대문
자냐 소문자냐에 따라, 단수냐 복수냐에 따라 한 낱말의 뜻
이 아주 여러 갈래로 달라진다. 그러므로 이러한 영어를 관
사도 없고 단수와 복수의 개념도 분명하지 않은 우리말로 번
역하여 대문자도 소문자도 없는 한글로 옮겨 적을 때에는 글
자 모양으로 뜻을 짐작하게 해주는 뜻글자 한자를 함께 사용
하는 것이 최선의 길이라고 생각한다.

'70인역人譯 성경'을 현대영어로 옮긴 'NETS(New English
Translation of Septuagint)'의 출판연대는 2007년이다. 이처럼
영어는 물론이요 유럽의 여러 나라말로 번역된 성경 또한 여
러 다양한 판본이 지금도 계속해서 나오고 있다. 영원불변의
진리가 담긴 글을 시간과 공간에 따라 변하기 마련인 이런
저런 나라말로 옮겨 적는다는 것은 적어도 세상이 끝나는 날
까지는 그치지 않을 일이 아닐까 한다. 그리스도교의 역사가
짧은 우리의 경우는 성경번역의 질적인 가치를 묻기에 앞서
서로 다른 번역판본의 양이 아직 미미한 상태이다. 나아가
우리말다운 우리말로 번역된 성경, 이는 먼 훗날의 일인지도
모르겠다.

성경을 포함한 서양고전의 번역은 사실 여간 어려운 일이
아닌 데다가 한 개인의 힘으로 될 일은 더욱 아니다. 이에 비

하여 동양고전의 번역은 우리가 서양 사람들보다 훨씬 유리한 입장에 있다. 『논어論語』의 '핵심용어(key word)' 가운데 하나인 '군자君子'는 영어권 학자들이 저마다 땀 흘려 옮겨놓았다는 것이 겨우 "gentleman, princely man, perfect man" 등등이다. 아득한 옛날 중국에서 태어난 이 말이 우리말 속에 들어온 것은 언제였던가? 아무튼 우리는 이 점에서 큰 복을 누린다고 생각해야 하겠다. 다만 손으로는 '군자'가 아니라 '君子'라고 적고, 입으로나 눈으로 읽을 때는 한겨레가 한마음으로 우러러보는 성군聖君께서 600년 전 훈민정음訓民正音이라는 이름으로 지어주신 소리글자, 우리의 바른 소리로 읽으면 될 일이다.

한편, 한국문학 작품을 서양의 언어로 번역하는 문제에 있어서 우리는 아직 갈 길이 한참 멀다는 것을 인정해야 하겠다. 무역이나 정치 경제 분야의 통역이나 번역이 아닌 문학작품의 번역은 각종 장학문화재단이나 재외 한국문화원에서 돈을 들여 번역인재를 양성한다고 되는 일이 아니다. 세계어느 나라의 문학이든 문학작품의 번역은 번역 '목표어(target language)'를 모국어로 하는 원어민이어야 할 뿐 아니라 자기 모국어를 최상급 수준으로 구사하는 학자로서 번역 원어(original language)도 최상급 수준까지 공부한 관록이 붙은 사람이라야 해낼 수 있는 일이다. 중국의 고전문학 『시경詩經』

과 일본의 고전문학 『Genji Monogatari』를 영어로 옮겨놓은 바 있는, 중국문학 및 일본문학 번역가로는 최고의 권위자로 꼽히는 아더 웨일리(Arthur Waley, 1889-1966)는 영국 사람이었다. 오늘날 중국문학과 일본문학은 세계 여러 나라에 권위 있는 번역가를 확보하고 있는 상태이다. 뿐만 아니라 『시경 詩經』이나 『논어論語』같은 고전작품은 한 가지 외국어 안에서도 여러 다른 번역가의 손으로 만들어진 다양한 번역본이 해를 거듭하여 출판되고 있다.

우리문학은 세계에 알려지기에 앞서 우리말과 글이 안고 있는 문제부터 해결해야 하지 않을까 생각된다. 한자어문제와 외래어문제가 어느 정도 해결되고 나면 다음 단계로는 우리말다운 우리말이 더욱 깊게 뿌리를 내림으로써 더욱 크게 자라게끔 우리 모두 힘을 모아야 할 일이다. 그리하여 우리문학이 "뿌리 깊은 나무"로서 무럭무럭 자라나 가지마다 아름답게 꽃피는 날이 오면 그러한 우리문학을 최상급 수준까지 전문적으로 공부하여 자기네 나라말로 옮기려 하는 외국인 번역가도 자연히 늘어나게 될 것이다. 이렇듯 우리는 갈 길이 멀다. 그러나 아무리 먼 길이라 하더라도 앞을 향해 나아가려는 뜻이 확고하다면 뜻이 있는 곳에 길이 열린다는, 우리말로도 여러 외국어로도 통하는 속담의 속삭임을 새겨들으며 더욱 힘차게 나아가야 할 것이다.

끝말
—전통을 찾아서

프랑스의 사상가 알렉시 드 토크빌(Alexis de Tocqueville, 1805-1859)은 2권으로 된 방대한 저서 *De la démocratie en Amérique*(미국의 민주정치)를 남긴 바 있다. 절대왕정을 뒤엎고 공화국을 선포했던 프랑스혁명의 기억이 아직 생생한 가운데 황제의 자리에 올랐다가 10여 년 후 몰락해버린 나폴레옹 보나파르트, 다시 왕정복고, 뒤이은 공화정, 또다시 나폴레옹 3세의 쿠데타, 이러한 정치의 파란을 그는 평생 동안 지켜본 사람이었다. 그가 서른 살이 채 안 된 나이에 신천지(New World) 미국을 여행하고 돌아와서 집필한 이 책은 오늘날 서양 정치사회학 분야의 고전으로 손꼽히고 있다. 정치에 대해 아무것도 모르는 사람이라도 재미를 느끼며 읽을 수 있는 내용이 많다. 특히, 귀족과 평민의 신분제도가 뚜렷이 구분되어 있던 구대륙舊大陸 유럽과, "만인평등(all men are created equal)"이라는 문구를 '독립선언서' 속에 새겨 넣으며 독립을 선언한 지 50여 년밖에 안 된 젊은 나라 미국을 비교한 대목, 다시 말하면 '전통사회'와 '평등사회'를 조목조목 대조하며 설명해 놓은 내용이 아주 흥미롭다.

귀족과 평민의 신분제도가 태어날 때부터 이미 정해져 있던 유럽과는 달리, 땀 흘려 일하여 번 돈이 벽돌처럼 쌓이기만 하면 누구든 귀족 못지않게 여유를 누리며 살 수 있는 나라 미국은 당시로서는 과연 새로운 세상이 아닐 수 없었다. 그러나 사람마다 능력의 차이는 있게 마련인데 사회계층의 높고 낮음이 집안핏줄로 정해져 있지 않다 보니 결국에는 개인 개인 저마다 모은 돈이 모든 것을 말해주는 세상이 되리라는 것, 이는 지금부터 약 180년 전 토크빌의 예견이었다. 그는 또 돈이 모든 것을 말해주는 세상에서는 개인주의와, 자유 시장경제에 바탕을 둔 자본주의가 터무니없는 수준으로 자라나게 될 것이라고 내다보았다.

토크빌의 예견대로 오늘날의 미국은 개인주의와 자본주의가 바오밥나무처럼 걷잡을 수 없이 거대하게 자라나 버린 사회인 것 같다. 개인주의는 무성하게 뻗어나간 나무뿌리 속속들이 파고들어 공익公益과 공익共益을 추구하여야 할 사회의 토대를 뒤흔들고 있는 한편, 자본주의 자유 시장경제는 바오밥나무의 가지와 잎사귀처럼 하늘 높은 줄 모르고 뻗어 오르며 수단과 방법을 가리지 않고 '한 푼이라도 더 벌자 주의

(more-money-mentality)'로 일관하고 있다. 이와 같은 미국사회의 문제점을 단적으로 말해주는 것이 바로 미국의 의료보험 제도라고 하겠다. 세계에서 제일 부자나라라고 하는 미국은 의료비와 의료보험료가 턱없이 비싸기로는 세계적으로 악명이 높다. 이유는 간단하다. 미국 전체에 1,300개가 넘는 의료보험 회사 하나 하나가 고객의 건강을 미끼로 '한 푼이라도 더 긁어내자'는 원칙과 함께 지불을 '연기하라, 거절하라, 질질 끌어라(delay, deny, delay)'는 3D전략으로 완전무장하고 있기 때문이다. 정부에서 국민 모두가 혜택을 누릴 수 있는 보험제도(universal health care)를 제안해왔으나 여러 차례 실패하였고 아주 최근에 겨우 법률로 통과되긴 했지만, 개인주의와 자본주의로 똘똘 뭉친 반대세력을 여태 누르지 못하고 있는 실정이다.

미국사람들의 구어체 영어에서 자주 들리는 동사 'buy'는 '사다'는 의미 외에도 '남의 의견을 받아들이다(accept)'라는 뜻으로 쓰인다. 그런가 하면 자기의 의견을 남에게 납득시키고자 할 때는 라틴어 유래의 동사 'convince'는 무겁게 들리는 말인지라 회화에서는 '팔다'는 뜻의 동사를 사용하여 'sell'이라고들 한다.

우리나라에 자본주의 시장경제 체제가 지금처럼 뿌리를 내리지는 못하고 있었던 나의 어린 시절, 쌀을 사러 시장에 가면서 "쌀 팔러 가자"라고 했던 기억이 지금도 잊히지 않는다. 영어로는 서로 반대말인데 우리말로는 사고파는 일을 하나로 뭉뚱그려서 말하던 시절이 있었다는 사실, 이를 두고 생각해 보면 우리말은 '농자천하지대본農者天下之大本'의 전통 속에서 자라난 언어인 것 같다. 반면에 하나냐 둘 이상이냐를 철저하게 따지는 서양말은 상업주의 사고방식 안에서 커온 언어라고 해도 좋겠다.

시대를 한참 더 거슬러 올라가 생각해보자. 최초로 알파벳문자를 만들어 쓰기 시작한 페니키아사람(Phoenician)들은 3,000여 년 전 지중해의 해상무역을 장악하고 있었던 상인들이었다. 장사꾼, 시쳇말로 비즈니스맨이라면 무엇을 얼마를 치르고 사고팔았는지 기록을 남기는 일이 무엇보다 절실히 필요했을 것이다. 이처럼 매매賣買의 증거를 남기기 위한 필요에서 발명된 것이 바로 알파벳문자라고 짐작해도 틀린 생각이 아니다. 아무튼 페니키아 상인들은 오늘날 지구촌 수많은 나라에서 사용하고 있는 알파벳 소리글자의 창시자로 기억되고 있다. 이렇게 보면 서양은 문자의 탄생 때부터 상인들이 주름 잡고 설치는 세상인 것 같다. 속된 말로 양놈의 세상은 상商놈의 세상이라고 해도 좋을 성싶다.

이렇듯 사회전반에 뿌리 깊게 배어있는 상업주의와 배금주의拜金主義를 고발하거나 단순히 언급하고 있는 성경구절은 신구약을 통틀어 얼마든지 찾아볼 수 있다. 공산주의 이론의 창시자 마르크스(K. Marx)가 가난에 허덕이던 가운데 모두 함께 잘살 수 있는 유토피아를 꿈꾸며 읽고 또 읽었다는 '이 사야 서書' 한 구절을 우리도 잠시 훑어보자. "사는 자와 파는 자가 같을 것이며, 빌려 주는 자와 빌리는 자가 같을 것이며, 이자를 받는 자와 이자를 내는 자가 같을 것이라(24:2)." 그 리스도교 신자들이 자주 하는 기도문 가운데 우리말로 "우리 가 우리에게 죄지은 자를 사하여 준 것 같이"라고 번역된 구 절은 신약성경의 그리스어, 즉 '코이네koine' 원문으로도 라 틴어 번역으로도 "우리에게 빚진 자를 탕감하여 준 것 같이" 라고 되어 있다. 상업이 아니라 농업을 장려하며 '포도원 노 래'를 우렁차게 불렀던 기원전 8세기의 예언자에 이어, 하늘 나라를 비유하여 일찍 온 일꾼이나 늦게 온 일꾼이나 똑같은 품삯을 받게 되는 포도밭이라고 한 복음福音(Good News)의 가르침을 좇아서, 로마 가톨릭 교회에서도 중세기 내내 중농 주의重農主義로 일관하는 한편 고리대금업은 중죄로 다스렸 었다. 그러나 후기 중세부터 독일과 이탈리아의 도시국가를 중심으로 도시사람들(프랑스어로 부르죠아bourgeois) 사이에서 발달된 상거래와 은행제도는 프랑스혁명과 산업혁명을 거치 면서 득세하기 시작하였다. 그리하여 중상주의重商主義와 자 유 시장경제라는 기치를 내걸고 새로운 세상 미국으로 건너간 다음, 베를린 장벽이 무너짐을 계기로 철천지 원수 공산주의를 무찌르고 승리한 이후부터 세상은 자본주의의 독무대가 되어버린 것이다.

토크빌의 시대, 즉 19세기에 평등사회의 대명사로 인식되었던 미국은 누구나 땀 흘려 일하면 잘살 수 있다는 '아메리칸 드림'을 낳았다. 그래서 지금도 수많은 사람들이 세계 곳곳에서 더 나은 미래를 꿈꾸며 미국을 향하여 이민의 길을 떠나고 있다. 그러나 불행히도 오늘의 미국 사회는, 이마에 땀을 흘림으로써 버는 건전한 돈이 아니라 투기꾼(speculator)들이 넥타이 매고 사무실에 앉아서 계산기 두드리며 하는 숫자 노름이라 불리는 '나쁜 돈'이 '좋은 돈'을 몰아내고 있는 사회이다. 학문의 전당이라고 하는 대학이 직업훈련소로 바뀌고 있나 하면, '영리목적 대학(for-profit college)'들이 '사이버스페이스'라는 새로운 장바닥에 우글우글 진을 치고 있다. 캘리포니아에 100여개가 넘는 2년제 초급대학(community college)의 경우, 얼마 전부터 새로 임용되는 대학의 학장들은 학문하는 학자 출신이 아니라 대부분 MBA(Master of Business Arts)학위 소유자들이다. 실제로 학교교육의 세세한 구석까지 모조리 비즈니스 경영원리를 기준으로 수요와 공급의 법칙에 따라 처리되고 있는 오늘의 기막힌 현실을 여기에 다 토로하기에는 지면이 모자랄 지경이므로 이제 그만하고 본론으로 돌아가야 하겠다.

　상인이 득세한 서양사회와는 달리 우리에겐 '사농공상土農工商'의 오랜 전통이 있다. 페니키아 상인들이 만든 알파벳 소리글자와는 달리 아득한 옛날 중국에서 태어난 한자는 해상무역과는 거리가 먼 농경사회에서 자라난 뜻글자이다. 우리의 한글 역시 선비(士) 중에서도 뛰어난 선비였던 임금이 백성을 아끼는 마음에서 만들어주신 글자가 아닌가. 士農工商의 네 계층이 가문이나 혈통으로 정해져 있던 시대는 물론 역사의 한 모퉁이로 사라진 지 오래다. 신분제도가 없어진 평등시대 한국의 사회계층은 개인의 수입에 따라 상류층, 중산층, 서민층 등으로 나누어진다. 어쩌면 우리도 이제 돈이 모든 것을 말해주는 세상이 되어 버렸는지도 모르겠다. 그렇다 하더라도, 그럴수록 더욱 더, 세상천지가 황금으로 누렇게 변한다 할지라도 독야청청 기개를 지켰던 옛 선비들의 늘푸른 얼은 오늘의 우리가 되찾아야 할 우리의 전통이 아닐 수 없다. 선비의 늘푸른 얼에 뒤이어서 땅을 일구어 곡식을 키우고 자연과 더불어 살며 자연을 아끼고 사랑하는 농민정신, 이는 환경파괴의 시대를 살고 있는 오늘의 우리가 되찾아야 할 우리의 전통이다. 다음으로는 쓸모 있는 여러 가지 도구를 만들어 사회발전에 기여할 줄 알았던 옛 공인工人들의 참다운 장인匠人정신, 이 또한 오늘의 우리가 되찾아야 할 우리의 전통인 것이다.

명문대학에서 박사학위를 받은 학자라 하더라도 학문의 길에서 벗어나 돈벌이를 제1목표로 삼는다면 그는 이미 전통사회의 가장 밑바닥 계층으로 추락한 사람이다. 반면, 상업에 종사하는 사람도 땀 흘려 일해서 건전하게 번 돈으로 공공公共의 이익에 보탬이 된다면 전통사회의 아래층에서 얼마든지 위층으로 올라가게 마련이다. 오늘 우리가 되찾아야 할 우리의 전통은 士農工商의 신분제도가 아니라 士農工商이 수직적으로 가리키는 정신적 위계질서이기 때문이다.

우리의 전통문학은 전통적 위계질서의 최고봉에 자리하고 있는 학계와 교육계가 함께 힘을 모아 지키고 가꾸어나가야 할 숙제요 과업이라 하겠다. 이는 글공부하는 선비들이 『논어論語』의 첫 구절에서 가르치는 '기쁨(悅)'을 느끼며 해야 할 일, 공자孔子가 50세에 깨달았다는 '천명天命'으로 알고 해야 할 일이다. 우리의 전통문학은 대부분이 한문으로 되어 있는 만큼 동양고전은 물론이요 우리 조상들이 남긴 고전작품을 우리말로 옮기는 작업, 이는 이미 시작된 지 한참 되었지만 더욱 큰 폭으로 중단 없는 전진을 해야 한다. 중국고전의 한문은 서양인에게 고전 그리스어, 우리 고전의 한문은 라틴어,

이렇게 생각하면 서양의 고전학자들이 이루어 놓은 성과와 그네들의 학풍 또한 오늘의 우리가 배워야 할 서양의 전통이라 하겠다. 그렇다면 적어도 '옥스퍼드 고전문학총서(OCT)' 수준에 상당하는 우리말 고전문학총서가 장차 빛을 보게 될 날을 기대할 수 있지 않을까 한다. 또한 고전문학은 한문 학도를 위한 '원전 비판 연구판본(critical edition)'을 지속적으로 출판하는 한편, 일반대중이 쉽게 읽을 수 있는 우리말 번역본도 여러 다양한 번역가에 의한 서로 다른 번역이 많으면 많을수록 우리 문학의 앞날이 더욱 밝아지리라 기대한다.

이제 붓을 놓기에 앞서 60여 년 전 연변(延邊, Yanbian)에서 인기 있었던 노래 하나를 소개하고 싶다. 민족이 해방을 맞이하였던 당시, 두만강 바로 건너 길림(吉林, Jilin)성 훈춘(琿瑃, Hunchun)에서 영어교사로 계시던 부친이 "동해의 여명"이란 제목으로 일본 찬송가 가락에 맞추어 작사했던 것이다. 당시의 훈춘중학교는 개신교에서 세운 학교였고 아직 우리말 찬송가는 없던 상황이었다. 아버지보다 15년 먼저 가신 어머니가 3박자 왈츠 풍風의 이 노래를 부르며 덩실덩실 춤을 추시던 기억이 새롭다.

　　흘러가고 흘러오는 검푸른 물결은

우리나라 동해바다 아름다운 물결
지는 달이 비추이는 여명이 오면
높고 낮은 파도소리 삼천리의 노래

　그로부터 68년 세월이 흐르는 동안 우리는 눈부신 경제성
장을 이루었다. 경제성장과 엇박자가 나지 않는 문화적 성장,
정치와 경제와 문화가 3박자로 함께 어우러지는 희망찬 우리
의 앞날을 바라는 뜻에서 아래와 같이 2절을 이어보았다.

진달래꽃 송이송이 새 봄이 오면
산도들도 울긋불긋 삼천리금수강산
고요한 아침의 나라, 나라말 우리말
국어사랑 나라사랑 한겨레 길이길이

부 록

APPENDICE

Ecriture coréenne et sphère culturelle des sinogrammes

Texte remanié d'une conférence donnée à l'université de Paris
VII-Diderot, le 29 janvier 2014

En écrivant 밖에서 본 우리말, 우리글 (*Réflexions sur la langue et l'écriture coréennes : le point de vue d'une expatriée*) j'avais un but majeur. Je souhaitais convaincre mes compatriotes que les *hanja* - les caractères chinois ou les sinogrammes - sont pour les Coréens ce que le latin et le grec ancien sont pour les Occidentaux, c'est-à-dire un fonds où va puiser la langue pour se développer, s'enrichir et vivre. Je n'ignore pas que l'étude du latin et du grec est dans la France d'aujourd'hui devenue très marginale, et je ne veux pas me prononcer sur cette évolution et cet abandon. En tout cas ceux-ci viennent après plusieurs siècles de pratique et de contacts étroits qui ont accompagné la formation et l'épanouissement de la langue française. Or la langue coréenne est loin d'avoir bénéficié de conditions historiques aussi favorables. Elle est, à l'heure actuelle, beaucoup plus fragile. Elle n'a pas atteint le même degré de maturité. Et elle a dû aussi absorber le choc linguistique que constitue l'apport des sciences occidentales. Ma comparaison entre le chinois et les langues anciennes de l'Europe doit donc s'entendre en tenant compte de ces différences.

Gardant à l'esprit ce but de plaider pour la culture de notre langue comme un fil d'Ariane, j'ai entrepris une démonstration méthodique que je vais retracer rapidement. J'ai commencé par faire un bref parcours à travers les principales écritures qui sont en usage aujourd'hui dans le monde entier, à savoir l'écriture latine, grecque, cyrillique, arabe, hébraïque, araméenne et indienne. Par rapport aux 6000 langues et plus parlées, il y a donc très peu de types d'écritures. Cet examen fait le contenu du premier chapitre ; je voulais rappeler à mes compatriotes ce qui est bien connu des Occidentaux : en comparaison de toutes ces écritures alphabétiques ou syllabiques, les *hanja* – le nom coréen des idéogrammes chinois – sont uniques par leur nature non-alphabétique, mais idéographique.

Dans le deuxième chapitre, j'ai essayé d'apporter des informations sur le latin et le grec, les deux langues anciennes de l'Europe, en insistant sur les étapes chronologiques ; le grec classique d'abord, puis le grec hellénistique connu sous le nom de *koïnê*, c'est-à-dire, langue commune, qui est relayé par le latin de la maturité classique. Dans la dernière partie de ce second chapitre, j'ai introduit la *lingua franca*, une langue née dans la Méditerranée orientale à l'époque des Croisades comme un moyen de communication, d'abord entre les soldats chrétiens d'Europe occidentale, puis entre commerçants de différents pays du bassin méditerranéen. Nous trouvons là le cas d'une langue purement pratique, d'un instrument commode, mais au prix d'un appauvrissement des autres fonctions linguistiques. Et j'ai pu mettre le caractère oral, sommaire de la *lingua franca* en contraste avec le caractère littéraire et exigeant du latin et du grec. Cet exemple me semble éclairant : il pousse à s'interroger sur ce que l'on veut comme destin pour sa langue maternelle.

Le troisième chapitre concerne tous les problèmes actuels en Corée du Sud autour de l'anglais et son enseignement dans les écoles primaires. Mais ici je m'adresse à des lecteurs français ou francophones qui s'intéressent à la langue et la culture coréennes. Il n'est pas utile que j'entre dans les détails du chapitre 3, relatifs à la politique éducative suivie en Corée, bien que j'y aie relevé des sujets de discussion et des problèmes assez graves à l'heure actuelle. Venons-en aux chapitres suivants, à savoir les chapitres 4, 5 et 6, qui occupent la seconde moitié de ce livre.

Ces chapitres s'intitulent respectivement «la langue chinoise et son écriture», «la langue japonaise et son écriture» et «la langue coréenne et son écriture *hangul*». Or, la Chine, la Corée et le Japon, ces trois pays de l'Asie orientale constituent ce qu'on appelle «한자문화권(漢字文化圈) ou la sphère culturelle des sinogrammes». La langue coréenne appartient au groupe communément admis des langues dites «ouralo-altaïques», un ensemble de langues agglutinantes. Pour reprendre la définition parlante de Juliette Morillot (*La Corée : chamanes, montagnes et gratte-ciel*, Paris, les Editions Autrement, 1998, p.225), le terme «agglutinant» signifie que «sur un radical de base, vient se fixer comme sur le noyau d'un atome toute une série de particules porteuses de sens ou de fonction grammaticale». Par contre, le chinois appartient au groupe des langues dites «sino-tibétaines». Ce sont des langues monosyllabiques aux racines sémantiques invariables (en d'autres termes, un monosyllabisme sans flexion), indifférentes au genre et au nombre, sans catégories grammaticales. Rien d'étonnant que notre grand roi *Sejong*, inventeur de l'alphabet coréen au XVe siècle, lors de la promulgation de celui-ci ait commencé la préface de son oeuvre

«Hun-min Jeung-Eum» par le célèbre énoncé : «Notre langue diffère de la langue chinoise... 나라말씀이 듕귁에달아...».
C'est parfaitement exact et c'est d'ailleurs une des locutions dont les partisans zélés du *hangul* se réclament souvent comme d'un slogan ; ils déclarent «chinois et coréen, l'impossible union».

J'ai déjà dit que les *hanja* sont pour les Coréens à peu près ce que le latin et le grec ancien sont pour les Occidentaux. Introduisons maintenant les distinctions nécessaires. Le latin ou le grec étaient, l'un et l'autre une langue, devenue ancienne, classique, morte, quelle que soit l'épithète qu'on préfère ajouter. Par contre, les *hanja* ne sont pas la langue chinoise, ni non plus du reste, le système d'écriture du chinois moderne mandarin. Il ne s'agit pas de langue mais bien d'une *écriture*, ou plutôt, en termes plus adéquats, d'une *idéographie*. Si j'ose emprunter la formule latine chère à Marc Fumaroli de l'Académie Française, je dirai qu'au commencement de la civilisation chinoise était non le Verbe, mais la *«res literaria»* (la chose littéraire, la chose de la lettre).

Selon l'éminent sinologue français, Léon Vandermeersch, l'idéographie chinoise a été inventée au XIIIe siècle avant notre ère, pour noter non des discours, mais des *divinations.* Ce système de notation d'équations divinatoires s'est transformé au cours d'un demi-millénaire en une *langue graphique* restée relativement indépendante de la *langue parlée.* Ce n'est qu'au VIIIe siècle de notre ère (dans les milieux du bouddhisme chinois) qu'une *écriture* (idéographique) de la langue parlée a été expérimentée à partir de cette langue graphique. «Jusque-là, le chinois parlé est resté une langue sans écriture […] La littérature de langue parlée ne s'est établie que comme une littérature de second ordre, consacrée à des genres de divertissement, tandis que la langue graphique restait seule admise dans les genres nobles de la littérature d'idées et de la poésie traditionnelle» (L. Vandermeersch, *Les deux raisons de la pensée chinoise : divination et idéographie*, Paris, Gallimard, 2013, p.14)

En m'appuyant sur cette remarque absolument convaincante, je me permets d'appeler cette suprématie de la langue graphique, opposée à la trivialité de la langue parlée, «l'Empire des Lettres chinois». Je forme cette expression à l'instar de Marc Fumaroli encore, qui m'a appris jadis ce qu'était la «République des Lettres» dans l'Europe humaniste et classique. La principale différence est que l'Empire des Lettres chinois tend à coïncider avec l'organisation politique, alors que la République des Lettres s'établit en marge du politique. Cet «Empire des Lettres» ainsi que sa hiérarchie propre dans laquelle les Savants-Lettrés (士 en sinogramme) se trouvent au sommet des classes sociales, ne tarda pas à étendre son territoire jusqu'en Corée et au Japon où il règne depuis deux millénaires. Et on peut voir, sur le tableau A ci-dessous, avec quelle vigueur cet «Empire des Lettres» a exercé et continue à exercer son influence sur la formation et le développement du lexique coréen. Pour cela on doit comprendre comment la sphère culturelle des sinogrammes s'est concrétisée dans ces trois pays d'Asie orientales.

Tableau A

Nombre de mots	Origines	Possibilités d'écriture
2,987	Mots de diverses origines d'outre-mer dont la majorité provenant de l'anglais 외래어(外來語)	Translittérés phonétiquement en *hangul*
56,115	Mots purement coréen 고유어(固有語)	Exclusivement en *hangul*
81,362	Mots d'origine sino-coréenne 한자어(漢字語)	Possibilité mixte d'écriture, chinoise ou coréenne
140,464	Mots figurant *dans le Gug-eo Dae Sa-jeon* (*Grand Dictionnaire de la langue coréenne*)	국어대사전(國語大事典) 국어대사전 國語大事典

Source: Juliette Morillot, *op.cit.*, p.234-5

Le vocabulaire coréen se divise donc en trois groupes. Et c'est un fait incontestable que plus de la moitié du vocabulaire coréen appartient au troisième groupe, à savoir les mots d'origine sino-coréenne. Ce troisième groupe constitue comme la colonne vertébrale du corps lexical de la langue coréenne intellectuelle. Et il s'est considérablement agrandi pendant l'époque de la modernisation qui était aussi la période de l'occupation japonaise (1910-1945) : s'est en effet introduit en coréen tout un vocabulaire japonais inédit, lui-même d'origine chinoise. Toutes les notions des sciences physiques, humaines et sociales, tous les termes de la philosophie, des arts, de la musique, savoirs provenant de l'Occident, ont été, non pas translittérés, mais traduits par des hommes de lettres japonais : ils ont su construire toute une série de néologismes en faisant un plein usage de *kanji* qu'ils ont recherchés à travers le vaste *corpus* de la littérature chinoise classique. Et récemment j'ai appris, par un collègue chinois du Long Beach City College en Californie où je travaille, qu'une bonne partie du vocabulaire scientifique de ce troisième groupe est retourné au chinois, adopté par la langue chinoise moderne, tels que les mots: 경제(經濟) économie, 철학(哲學) philosophie, 종교(宗教) religion, 과학(科學) sciences, 물리(物理) physique, 범주(範疇) catégorie, 문화(文化) culture, 문명(文明) civilisation, etc. Il faut y insister : cette invention massive de termes sino-japonais ne correspond nullement à quelque mode passéiste, mais elle a eu partie liée avec l'ouverture à la modernité occidentale, et elle a déterminé la capacité des langues japonaise et coréenne, à prendre en charge les concepts issus des sciences et techniques de l'Occident. Il est par ailleurs bon de rappeler ici que le japonais possède trois systèmes d'écriture, à savoir, *hiragana*, *katakana* et *kanji*. Tous les mots dont l'origine est d'outre-mer et qui sont simplement transposés s'écrivent en *katakana*. Tous les mots purement japonais (désinences grammaticales, particules, etc.) s'écrivent en *hiragana* tandis que tous les mots d'origine sino-japonaise s'écrivent en *kanji*. Cette écriture tri-graphique rend la lecture rapide et la compréhension efficace, tandis que le *hangul* coréen mono-graphique, censé simplifier l'écriture, suscite souvent la confusion en ce qui concerne la lecture. Il faut aborder désormais la question des homonymes.

Les partisans de la mono-graphie *hangul* argumentent de la sorte : ils font valoir qu'en comparaison du japonais, pauvre en phonèmes, la langue coréenne possède assez de phonèmes distincts pour éviter les embarras de l'homophonie fort gênants à l'écrit. D'après eux, s'agissant d'un texte coréen, on peut donc remplacer sans inconvénient tous les *hanja* par les *hangul*. En cas d'homonymie, que les *hanja* s'ajoutent entre parenthèses après l'indication phonétique en *hangul*. Et pourtant, le problème de la confusion sémantique persiste toujours, surtout s'il s'agit d'une langue exigeante, une langue soignée et littéraire, y compris la littérature de tous les domaines scientifiques. Là il ne s'agit pas seulement de confusions sémantiques ponctuelles, mais plus généralement cette écriture mono-graphique rend la lecture fort peu efficiente et la compréhension floue.

Tableau B

Graphie en *hangul*	Prononciation approximative	Fonction grammaticale	Nombre d'homophones sur 1800 *hanja*	Exemples dans un syntagme nominal
가	ga	Particule du nominatif s'agglutinant au substantif précédent	10: 佳, 假, 價, 加, 可, 家, 歌, 街, 暇, 架	메디치가가 메디치家가 (les Médicis, la famille Médicis employé comme sujet dans une proposition)
의	ui	Particule du génitif s'agglutinant au substantif précédent	10: 衣, 意, 矣, 義, 衣, 議, 醫, 儀, 宜, 疑	그리스도교의 교의 그리스도教의 教義 (doctrine de la religion chrétienne) 신플라톤주의의 의의 新플라톤主義의 意義 (signification du néo-platonisme)

La grammaire coréenne possède un nombre important de particules qui sont des mots purement coréens et qui ne s'écrivent qu'en *hangul*. Parmi ces mots, je relève ici, sur le tableau B deux particules très fréquemment utilisées. L'une est «가 *ga*», la particule du nominatif, l'autre est «의 *ui*», la particule du génitif. Or, l'une et l'autre de ces particules se prononcent et donc s'écrivent en *hangul* exactement de la même manière qu'une vingtaine de *hanja*, dont aucun n'a rien à voir avec l'autre. Ici, j'ai précisé le nombre d'homonymes non pas sur trois mille sinogrammes (nombre estimé suffisant pour une lecture d'assez haut niveau), mais sur 1800 *hanja de base*, que les élèves sortants des lycées coréens sont censés avoir appris.

On peut dès lors examiner les questions pratiques. Les Japonais apprennent les *kanji* de façon progressive, graphie par graphie, caractère par caractère, dès la première année de l'école primaire. En ce qui concerne la Corée du Nord je ne suis pas en mesure de faire de commentaire, mais je doute fort que l'enseignement des *hanja* touche l'ensemble de la population scolaire. La graphie *hanja* est par ailleurs bannie en Corée du Nord. Quant à la Corée du Sud, je peux assurer que les chiffres avancés ne signifient pas du tout que les diplômés à la sortie du lycée aient acquis la connaissance des 1800 *hanja* en question. Il s'en faut de beaucoup qu'ils puissent les lire ; ne parlons pas de les écrire! Entre l'instauration des cours de base de *hanja* en 1972 et sa version modifiée par le nouveau décret en 2000, il y a eu de nombreux mouvements de bascules. De toute façon, l'apprentissage de ces 1800 *hanja de base* demeure au niveau théorique, c'est-à-dire qu'il reste entre les murs de la classe de *hanja*. Dans la pratique les *hanja* sont quasiment exclus de l'écriture officielle et courante.

Et voici le célèbre énoncé de notre grand roi Sejong lors de la promulgation de l'alphabet coréen qu'il avait lui-même nommé «訓民正音 les sons exacts pour l'instruction du peuple».

Notre langue diffère du chinois ; la langue parlée ne correspond pas à l'écriture. D'où la difficulté pour une grande partie du peuple qui voudrait exprimer ses idées, mais qui n'arrive pas à les mettre par écrit. Parce que j'ai pitié de ce peuple, j'ai nouvellement fabriqué ces vingt-huit lettres. Je souhaite que désormais tout le monde trouve ces lettres faciles et commodes pour l'usage quotidien.

Dans ce texte écrit de haut en bas, et qui progresse de droite à gauche, on voit six mots d'origine sino-coréenne écrits en *hanja*. (中國, 文字, 百姓, 爲, 字, 便安) Et puis, dans un coin en dessous de ces six mots, leur prononciation est indiquée dans l'écriture coréenne qui venait de naître, nouvellement créée trois ans plus tôt, et qui portait le nom de «Hun-min Jeung-Eum». Regardons d'abord le mot en deux sinogrammes qui vient en premier lieu : 中國 ; l'indication phonétique, en dessous, se lit 듕귁. Evidemment c'était la prononciation coréenne en cours dans les années 1440, tandis que de nos jours les mêmes sinogrammes se lisent 중국. Or, le roi Sejong aurait pu écrire tout en *hangul*. Mais il ne l'a pas fait. Il n'a pas remplacé ces six mots en *hanja* par les *hangul*. Et il me semble que ce n'est pas seulement pour prouver une équivalence des deux systèmes d'écriture. En effet, il n'a pas non plus nommé le nouveau système d'écriture «訓民正字 les *graphies* exactes pour l'instruction du peuple», mais bien, ce qui est assez différent, «訓民正音 les *sons* exacts pour l'instruction du peuple».

Sur ce point précis, le moins qu'on puisse dire, c'est que le roi avait pleine conscience de la fondamentale différence entre l'écriture idéographique et l'écriture alphabétique. Bien que «notre langue diffère de la langue chinoise» autant au niveau syntaxique qu'au niveau phonétique, la lexicologie coréenne s'est historiquement formée et développée dans la sphère culturelle des sinogrammes, et cela depuis l'époque de la dynastie *Han* 漢, époque où nos ancêtres ont adopté et fait le leur le système d'écriture du peuple *Han*漢, c'est-à-dire, *hanja*漢字. Il me semble que le roi Sejong a donné au peuple coréen le modèle de l'écriture di-graphique, à savoir que les mots d'origine idéographique ne se transcrivent pas par les *hangul* qui sont purement alphabétiques ; et que, en faveur de ceux qui ne savent pas lire les *hanja*, l'indication phonétique s'ajoute à côté en «*Hun-min Jeung-Eum*» autrement dit *hangul*.

En conclusion je me permets de recourir encore une fois à une remarque tout à fait pertinente de Marc Fumaroli, extraite de son livre intitulé *Quand l'Europe parlait français* (Paris, Fallois, 2001, p.23). Et voici ce qu'il dit à propos de la langue française qui était devenue langue universelle en Europe au XVIIIe siècle.

«Le français devenu hégémonique en Europe à partir des traités de Westphalie en 1648 était une langue en elle-même incommode, difficile, aristocratique et littéraire comme le latin de Cicéron ou le grec de Lucien...»

Ces quatre adjectifs «incommode», «difficile», «aristocratique» et «littéraire», par lesquels est qualifié le français des Lumières, sont à peu près ceux qu'on pourrait prêter à l'écriture chinoise, c'est-à-dire *hanja* : c'est tout à fait ainsi que Mao Zedong jugeait l'orthographie traditionnelle des *hanja*. Dès les années 1930 et suivantes, il commençait à répandre l'idée d'une nécessaire simplification de cette orthographie «incommode» et «difficile», et surtout, «aristocratique et littéraire». On sait qu'en Chine d'aujourd'hui, l'orthographie simplifiée d'une part et la romanisation en *Pinyin* de l'autre sont devenues un «fait accompli». Il est donc désormais inutile d'en débattre. Reste à revenir à ce qui fait seul notre propos, l'écriture coréenne.

De leur côté, les partisans de la mono-graphie *hangul* ne cessent de répéter que les *hanja* sont «incommodes et difficiles», tandis que le *hangul* est *facile* à apprendre et *commode* à l'usage. C'est l'écriture créée par notre grand roi Sejong qui prenait pitié du *peuple* coréen, parce que le monde littéraire des *hanja* était l'apanage de l'aristocratie, dont les membres se comportaient en sujets vassaux de l'empereur de Chine. C'est ainsi que les mono-graphistes, dans leur zèle pour le *hangul*, se réclament du patriotisme, affirmant qu'il faut libérer l'écriture coréenne du «joug» des *hanja*. C'est ainsi également que les partisans de l'écriture mixte *hangul/hanja* sont trop souvent accusés d'être ou sino-centristes ou pro-nipponistes. Sans vouloir nier l'imbrication du linguistique et du politique, on reconnaîtra que de tels discours introduisent des considérations idéologiques très sommaires alors qu'il s'agit de réfléchir à l'avenir d'une langue et son aptitude à dialoguer avec les autres cultures. Pour ce dialogue, il n'est pas envisageable de perdre l'assise du fonds culturel chinois. Appuyé sur la logique des idéogrammes chinois, la langue coréenne est capable d'être plus qu'une langue réduite aux seuls usages de la vie courante. Comme j'ai essayé de le montrer, le surcroît d'apprentissage lié à la di-graphie est amplement compensé par la commodité gagnée au stade de la lecture, chaque fois qu'il faut lire des textes savants et intellectuels.

A l'heure actuelle, dans les deux Corées, les *hanja* sont pratiquement remplacés par les *hangul*. Et on pourrait se demander si en définitive l'Empire des Lettres chinois avec sa longue tradition subsiste encore. A cette objection je répondrai avec certitude qu'il existe toujours. Mais la capitale de cet «Empire des Lettres chinois» se trouve aujourd'hui non pas à Beijing(北京, «capitale du nord»), mais à Tokyo (東京, «capitale de l'est»). Et dans le monde globalisé il étend toujours son territoire sous le nom de *kanji*. Les meilleures éditions critiques de l'immense *corpus* de la littérature classique chinoise, les meilleures études sinologiques comparables à celles de la collection Guillaume Budé, ou de la série *Oxford Classical Texts*, ont été réalisées et continuent à se réaliser au Japon.

Dans ces conditions, où en est la Corée dans la sphère culturelle des sinogrammes ? Faut-il vraiment libérer l'écriture coréenne du «joug» des *hanja*, comme disent les partisans de la mono-graphie *hangul* ? Autrement dit, faut-il que l'écriture coréenne, elle aussi, à la suite de l'écriture vietnamienne, sorte de la sphère culturelle des sinogrammes ? En guise de réponse à cette question précise, je ne saurais trop insister sur la nécessité pressante de retourner dans la sphère culturelle des sinogrammes, sur la nécessité de retrouver la tradition de l'écrit que nos ancêtres ont héritée de l'Empire des Lettres chinois. Pour cela, notre grand roi Sejong nous a déjà indiqué la voie. A peu près six cents ans plus tard, nous n'avons qu'à suivre son précieux modèle d'écriture mixte.

Au seuil du IIIe millénaire, si la Corée a manifesté un élan économique extraordinaire, n'est-il pas grand temps qu'elle fasse également des pas vers un épanouissement culturel ? Il est instructif d'observer comment les deux mots d'origine occidentale, *culture* et *civilisation*, ont été traduits d'abord en japonais, écrits en *kanji*, puis introduits en coréen et transcrits en *hangul* : culture 文化 (문화 «le processus de devenir lettré») ; civilisation 文明 (문명 «lumières venues des lettres»). L'étymologie idéographique de ces deux mots met en avant, dans un effort de traduction assez pertinent, l'idée d'une dynamique, d'une transformation en cours. Par ailleurs, l'ensemble des domaines de la culture, telle que l'entendent les Occidentaux, est ramené à la pratique de l'écrit, conformément à la perspective de l'Extrême-Orient sinisé. Il me semble que dans le monde actuel forgé par la modernité occidentale, l'épanouissement de la culture et de la civilisation coréennes, à la fois leur affirmation et leur évolution, ne seront possibles que si un jour la Corée retrouve la tradition littéraire héritée de l'Empire des Lettres chinois.

부록

APPENDIX

Korean Writing and Chinese Characters

Throughout the writing of this book (밖에서 본 우리말, 우리글: *Reflections from Abroad on the Korean Language and Script*) my major aim was to convince my fellow countrymen that the *hanja* or Chinese characters are for Koreans what Latin and Greek are for Westerners. That is to say that both classical Greek and Latin had long been the languages from which the modern European languages have drawn the majority of their vocabulary including numerous loan words. Latin and Greek were indeed fundamental resources for most of the European languages. I am not, however, unaware of the fact that the study of Latin and Greek has been in recent years quite marginalized in countries on both sides of the Atlantic ocean, not to mention the dwindling number of students and the desertion of the study of both classical languages in secondary education in many countries. It is not my concern to what degree the education of Latin and Greek has declined in the West. Regardless, the study of classical languages continued over a long period of time in Western education to influence the development of most European vernacular languages. Now, in comparison with what happened to European vernacular languages in the West, the Korean language has not had such a favorable historic condition. Moreover, at the end of nineteenth century when Korea had to face a groundswell of invasive Western culture, its language remained far away from reaching the comparable, if not the same, degree of maturity that any of the European vernacular languages acquired in the course of a millennium.

Keeping in mind my original aim stated above, I embarked upon a methodical demonstration which I briefly outline here. First, I begin by describing different writing systems or scripts in use in the world, namely, Roman, Greek, Cyrillic, Arabic, Hebrew, Aramaic and Indian. This investigation is the content of the first chapter in which I remind my compatriots that, in contrast to all these different alphabetic or syllabic scripts, the *hanja* – the Korean name for Chinese Characters – is unique by its nature which is non-alphabetic but ideographic.

In Chapter Two I bring information about Latin and Greek, the two classical languages of Europe, laying emphasis on their historical contexts; thus, in chronological order, classical Greek first, then Hellenistic Greek known as *koine* (common language), and then Latin. In the last part of the second chapter I introduce what was the *lingua franca*. The language called *lingua franca* was born in the eastern Mediterranean coast during the Crusades as a means of communication, at first between Christian soldiers from Western Europe and later on between merchants of different Mediterranean countries. This is an example of a language that is purely practical and convenient and that considerably reduces other linguistic functions. I was able to put the oral, basic and vernacular character of *lingua franca* in contrast to the literary and demanding character of Latin and Greek. This contrasting example gave me a clear insight which led me to ponder what would be the destiny and future of Korean, our mother tongue.

The third chapter deals with current problems pertaining to the

English language and Roman alphabet in South Korea. First, for a very large number of Korean people, *yeung-mun* (English writing) means both the English language and the Roman script, which needs to be rectified. Second, the problem of Romanization of Korean names; third, the transcription of foreign loan words into the Korean alphabet or *hangul*. In the fourth part of chapter three, I present English as the *lingua franca* of today's global society. On this matter I was largely inspired by the book *Globish*, written by Robert McCrum. Then in the last part, I discuss the problem of English education in South Korean elementary schools, especially the so-called "immersion in English," which is a direct method of teaching the target language by a native speaker. Here I sincerely question if our children really have to be taught such a difficult language, so different from their own language, at such an early age as they have not yet acquired sufficient knowledge of their mother tongue.

Chapters 4, 5 and 6 make up the second half of my book. These three chapters are entitled respectively "The Chinese language and its writing," "The Japanese language and its writing" and "The Korean language and its writing *hangul*." China, Korea and Japan, these three East Asian countries constitute what is called "한자문화권(漢字文化圈) or Chinese Character Cultural Sphere." These three countries are bound up together through the usage of Chinese characters. A modern Chinese traveler feels more at ease in Japan or Korea than a French traveler does in Italy or Spain. However, Chinese language is by far more different from Korean or Japanese than French is from Italian or Spanish.

Korean belongs to a language family commonly known as "Ural-Altaic," which groups together several agglutinant languages. The term "agglutinant" means that a number of particles each bearing its particular signification or grammatical function join a radical base like particles attach to an atomic nucleus. Though in a very different manner from the one known to English speakers, Korean verbs do conjugate and inflect. On the other hand, Chinese belongs to a language family called "Sino-Tibetan." Sino-Tibetan languages are strictly monosyllabic. Regarding the Chinese language I happily refer to the clear explanation of the late Joseph Needham, the eminent British sinologist, given in his monumental oeuvre entitled *Science and Civilisation in China*: "[I]f the written character of Chinese is highly complex, the simplicity of the grammar is at the other extreme. There are no formal word-classes, no distinctions between the parts of speech. The noun and the verb are interchangeable....There are no conjugations, declensions or inflections." (J. Needham, *op.cit.* vol. I, p. 39)

Given the large difference between Korean and Chinese, it is by no means surprising that our great King Sejong, inventor of the Korean alphabet in fifteenth century, at the promulgation of the latter under the name of "Hun-Min Jeung-Eum," headed the edict with the celebrated wording: "Our national language is different from Chinese ; 나라말씀이듕귁에달아." This has become a catch phrase that the partisans in favor of all-hangul writing use to give authority to their cause.

I have said above that the *hanja*, Korean pronunciation of the Mandarin term *hanzi* (Chinese characters) is for Koreans what Latin and Greek are for Westerners. Let me make here a necessary distinction. Both Latin and Greek are currently called "classical" or "dead" languages. On the other hand, what Koreans call *hanja* is not the Chinese language, nor the writing system of Mandarin, the modern standard Chinese language. *Hanja* is not a language but a script, or rather, more aptly, it is an ideography. If I take liberty to quote a favorable expression of Marc Fumaroli of *Académie Française*, I would say that in the beginning of Chinese civilization was not *Logos/Verba* (the Word), but *"res literaria* (the literary thing)."

According to French sinologist Léon Vandermeersch, Chinese ideography was invented in thirteenth century B.C.E, not for recording speech, but solely for divinations. This writing system of divinatory equations had been transformed in the course of a half millennium into a graphic language (文言, *wen-yan*) which remained relatively independent from the spoken language. It was only during the eighth century C.E. within the milieu of Chinese Buddhists monks that an ideographic writing system of the spoken language was extracted from this graphic language. Until that time, the spoken Chinese had remained a language without writing. While the literature of the spoken language grew up as second-rate genres for entertainment (e.g. Beijing-Opera), only the graphic language had its place in high noble genres such as traditional poetry and literature of ideas.

Supported by the above remarks regarding the supremacy of the written language in contrast to the spoken language, I have referred to the former (written language) as the "Empire of Chinese Letters." I have formed this wording following once more the example of Marc Fumaroli, from whom I learned in times past what was the "Republic of Letters" in sixteenth and seventeenth century Europe. The main difference between these two metaphoric and political entities is that the "Empire of Chinese Letters" tended to coincide within the context of a political organization while the Republic of Letters became established on the fringe of European politics. This "Empire of Letters," with its hierarchy in which the scholars or literati (士, *shi*) occupied the highest position among social classes, did not take long to expand its territory to Korea and Japan, where it has reigned for almost two millennia. In Table 1 we see the extent to which this "Empire of Letters" has influenced and continues to influence the formation and the development of Korean vocabulary. For this matter we ought to understand how the cultural sphere of Chinese characters has taken shape in these three East Asian countries.

Table 1

Number of words	Origin	choice of writing
2,987	Loan words from abroad of different origins of which the majority coming from English 외래어(外來語)	Transliterated phonetically in *hangul*
56,115	Korean indigenous words 고유어(固有語)	Exclusively in *hangul*
81,362	Sino-Korean words 한자어(漢字語)	3 possibilities shown below
Out of 140,464	Words appearing in *Gug-eoDae Sa-jeon*(Great Dictionary of the Korean Language; Seoul, *Min-Jung-Seo-Rim*, 1982)	국어대사전(國語大事典) 국어대사전 國語大事典

The Korean vocabulary is divided into three different groups shown above in Table 1. Evidently it is an indisputable fact that more than a half of Korean vocabulary belongs to the third group, i.e. the word group of Sino-Korean origin. Moreover, this third group is the backbone of the lexical body of the Korean intellectual language. Furthermore, the number of vocabulary in this group had increased considerably in the modern times, roughly the first half of 20th century which was also the period of Japanese occupation (1910-1945). Indeed a whole set of Japanese new vocabulary, which is itself of Chinese origin, had been introduced into Korean. All the scientific concepts and terminology coming from the West (from science, philosophy, art, music) were not transliterated but translated by Japanese scholars who coined a whole set of neologism by selecting appropriate terms through *kanji* – Japanese name for Chinese Characters – that they searched throughout the immense corpus of the Chinese classics. And I recently learned from a Chinese colleague at Long Beach City College in California, where I have taught for over a decade, that a good number of this third group vocabulary including scientific terminology has been reincorporated and adopted into the modern Chinese language. Here are a few examples of those Sinitic terms that an educated citizen of three East Asian countries recognizes identically through the written characters while these words read differently according to his or her vernacular language's phonology: 경제(經濟) economy, 철학(哲學) philosophy, 종교(宗敎) religion, 과학(科學) science, 물리(物理) physics, 범주(範疇) category, 문화(文化) culture, 문명(文明) civilization, etc. At this point it is useful to be reminded that the Japanese language uses three different writing systems. They are *hiragana, katakana* and *kanji*. All the foreign names and foreign loan terms recently borrowed into Japanese are written in *katakana*. All the Japanese indigenous words (particles, inflected verb endings, etc.) are written in *hiragana*. All the words of Sino-Japanese origin are written in *kanji*. This three-writing system (trigraphia) makes reading fast and comprehension efficient while the all-*hangul* mono-graphic writing, supposed to simplify the writing, often gives rise to confusion with regard to reading. From now on we have to deal with the problem of homonyms.

The partisans in favor of all-*hangul* writing argue that in comparison with Japanese, which is poor in phonemes, the Korean language has enough distinct phonemes to avoid troublesome homophony. Therefore, according to their argument, all the Sinitic terms written in *hanja* can and ought to be replaced by *hangul*. In case of embarrassing homonyms only, the *hanja* should be put in between parenthesis after the phonetic indication in *hangul*. And yet, the problems of semantic confusion still persist especially when it comes to formal and literary language including academic and scholarly literature.

Table 2

Written form in *hangul*	Phonetic indication	Grammatical function	Number of homonyms out of 1800 *hanja*	Examples in noun phrases
가	ga	Nominative particle agglutinating to precedent substantive	10: 佳, 假, 價, 加, 可, 家, 歌, 街, 暇, 架	메디치가가 메디치家가 (The Medicis, The Medici House or Family <u>used as a subject in a clause</u>)
의	ui	Genitive particle agglutinating to precedent substantive	10: 衣, 意, 矣, 義, 衣, 議, 醫, 儀, 宜, 疑	그리스도교의 교의 그리스도敎의 敎義 (doctrine of Christian religion) 신플라톤주의의 의의 新플라톤主義의 意義 (signification of Neo-Platonism)

The Korean Grammar has a large number of particles, all of which are purely indigenous words, therefore written solely in *hangul*. Among these particles I include for illustration two very frequently used particles in Table 2. One is "가 ga," the nominative particle; the other is "의 ui," the genitive particle. Each of these two particles sounds and reads in *hangul* identically, therefore indistinctly with about twenty different characters in *hanja*, of which none has anything to do with the other. In Table 2, I have given the specific number of homonyms not from the 3000 characters (deemed sufficient for reading high-level literature), but from the 1800 *basic hanja* which all South Korean high school graduates are supposed to have learned.

Table 3 shows that Japanese children learn *kanji* gradually, step by step, as early as the first year of the elementary school. Regarding North Korea I am not able to make any comment whether the teaching of *hanja* covers the whole of school population. When it comes to South Korea, I can state with certainty that the advanced number shown on Table 3 does not mean at all that high school graduates have acquired the knowledge of 1800 *hanja*. They are far from being able to read that many characters, let alone writing! From the onset of the policy put into effect in 1972 that called for 1800 characters to be taught in secondary education until its modification by the new decree in 2000, there had been numerous swings of the pendulum between all-*hangul* writing and *hangul-hanja* mixed writing. In any case, learning of these 1800 *basic hanja* stays within school classrooms only. Currently in South Korea the Chinese characters are almost completely eliminated from official writing. So much so, I would rather grudgingly refer to the remark of William C. Hannas, the author of the book "*Asia's Orthographic Dilemma*" from which I drew several informative resources including Table 3: "Korea is well on its way to becoming East Asia's second major language, after Vietnamese, to free itself from the Sinitic paradigm" (W. C. Hanna, *op.cit.*, p. 48).

Table 3

Number of Chinese Characters Taught in the Koreas and Japan

grade	North Korea	South Korea	Japan
1			80
2			160
3			200
4			200
5			185
6	500		181
7-9 (Middle School)	1,000	900	939
10-12 (High School)	500	900	
Total	2,000	1,800	1,945

At this point we need to have a close look into the text given below. This is the celebrated statement of our great king Sejong at the time of the promulgation of the Korean alphabet in 1446, which he himself named "訓民正音 (the exact sounds for the instruction of people)"

Our national language is different from Chinese; the spoken language does not correspond with the writing. Hence, a large majority of the people, uninitiated in Chinese characters, have lots of difficulty expressing in writing what they want to say. Since I feel pity for my people I have newly made twenty-eight letters. It is my sincere wish that henceforth everyone find these letters easy and practical for daily use.

나랏：말ᄊᆞ·미 中國·에 달·아

文字·와·로 서르 ·ᄉᆞᄆᆞᆺ·디 아·니·ᄒᆞᆯ·ᄊᆡ

·이런 젼·ᄎᆞ·로 어·린 百姓·이 니르·고·져 ·홇·배 이·셔·도

ᄆᆞ·ᄎᆞᆷ：내 제 ·ᄠᅳ·들 시·러 펴·디 ：몯홇 ·노·미 하·니·라

·내 ·이·ᄅᆞᆯ 爲·ᄒᆞ·야 ·어엿·비 너·겨 ·새·로 ·스·믈여·듧 字·ᄅᆞᆯ ᄆᆡᇰ·ᄀᆞ·노·니

：사·ᄅᆞᆷ：마·다 ：ᄒᆡᅇᅧ ：수·ᄫᅵ 니·겨 ·날·로 ·ᄡᅮ·메 便安·킈 ·ᄒᆞ·고·져 ·ᄒᆞᇙ ᄯᆞᄅᆞ·미·니·라

In this text which reads from right to left and from top to bottom, there are six Sino-Korean words written in *hanja*: 中國, 文字, 百姓, 爲, 字, 便安. Then, underneath of each character, on the right side, its pronunciation is indicated in newly created Korean writing, which was born just three years before. For the two characters (中國, China) appearing on the first vertical line, their phonetic indication is given as "듕귁". Evidently it was the Korean pronunciation during the mid-fifteenth century, while a contemporary Korean nowadays says the same Chinese characters "중국". Even so, King Sejong could have written all in *hangul*.

But he did not. He did not replace these six words of Sino-Korean origin written in *hanja* by *hangul*. Neither did he call the new script "訓民正字 the exact writing for the instruction of people," but "訓民正音 the exact sounds for the instruction of people."

King Sejong was, to say the least, fully aware of the fundamental difference between ideographic writing and alphabetic writing. Although "our national language is different from Chinese" as much in syntax as in phonology, Korean lexicology has been shaped and developed historically within the cultural sphere of Chinese characters. And that history took place as early as the *Han*漢 Dynasty, the epoch when our ancestors adopted and made their own the writing system of the *Han*漢 people, namely *hanja*漢字. It seems to me that King Sejong gave Korean people the model of di-graphic writing, i.e., that the words of ideographic origin ought not to be replaced in *hangul* which is purely alphabetic, and that for those who are uninitiated in *hanja* the phonetic indication ought to be given in *hangul* next to each character in question.

Concluding this brief paper I gladly resort again to the pertinent remark of Marc Fumaroli in his book of which the title in its English translation by Richard Howard reads *When the World Spoke French*. This is what he says about the French language, which had become the universal language in eighteenth century Europe. "French, having become hegemonic in Europe after the treaties of Westphalia in 1648, was a language in itself inconvenient, difficult, aristocratic, and literary, like Cicero's

Latin or Lucian's Greek"(M. Fumaroli, *op.cit.*, p. xxvii).

The four adjectives above, "inconvenient," "difficult," "aristocratic," and "literary," used by Fumaroli to describe the French language of the eighteenth century, are more or less identical to those attributed to Chinese characters. Precisely as did Mao Zedong see the traditional orthography of *hanja*. Already in 1936, the then leader of the communist rebels in China had the idea of the necessary simplification of Chinese characters which he believed were so "inconvenient" and "difficult," and not least "aristocratic" and "literary." Today in China, the simplified orthography on one hand and the Romanization in *Pinyin* on the other are both *fait accompli*. So, I shall now return to our own subject matter: Korean writing.

The partisans in favor of all-*hangul* writing in their turn have constantly harped on the "inconvenient and difficult" *hanja* in comparison to our own *hangul*, which is not only <u>easy</u> to learn and <u>convenient</u> to use, but also a magnificent invention by our great king Sejong for the benefit of the Korean <u>people</u>. They insist on the historical fact that the literary realm of *hanja* was the prerogative of the bygone times aristocracy who used to behave generation after generation as a vassal paying allegiance to Chinese emperor. Likewise, they claim to adhere to patriotism, saying that we have to free our writing from the "shackles" of *hanja*. Likewise, the partisans in favor of *hangul-hanja* mixed writing are too often accused of being either Sino-centrists or pro-Nipponists. Without denying the closely interwoven problem of linguistics and politics, any Korean with genuine patriotism would understand that such arguments tend to bring forth a very shallow thought about our national language. What we have to do now is to ponder the future of our language and its ability to enter into dialogue with other cultures. This dialogue is not conceivable without the foundation of Chinese cultural background. Resting on the logic and richness that Chinese characters provide, the Korean language is able to grow beyond a language reduced to a sole usage of daily life. As I have shown hitherto, additional time and effort necessary for learning *hanja* are fully offset by the efficiency gained through reading process whenever it comes to an academic and scientific literature.

Currently in Korea, North and South, *hanja* has been virtually replaced by *hangul*. Today, one would wonder whether the "Empire of Chinese Letters" with its long tradition subsists at all. To this question I firmly answer that it still exists. However, its capital lies not in Beijing (北京, capital of the north), but in Tokyo (東京, capital of the east). Likewise in this globalized world it still extends its territory under the name of *kanji*. The publications in modern critical editions of the immense corpus of Chinese classics, the studies of sinology in high quality comparable to the series *Oxford Classical Texts* have been taking place in Japan.

Today, where is Korean situated in the cultural sphere of Chinese characters? Is it really necessary to free Korean writing from the "shackles" of *hanja*, as say pro-*hangul* activists? In other words, shall the Korean writing too, following the Vietnamese, have to exit from the cultural sphere of Chinese characters? By way of response to this precise question I could not insist enough on the urgent necessity to return to the cultural sphere of Chinese characters, the necessity to regain the literary tradition that our ancestors inherited from the "Empire of Chinese Letters." For that purpose, our great king Sejong has already shown us the way. Almost six hundred years later we only have to follow his model of *hangul-hanja* mixed writing.

At the threshold of third millennium now that Korea has brought about extraordinary economic growth, is it not now high time for her to make an equal advance toward a cultural blossoming? By the by, it is instructive to observe here how the two English words "culture" and "civilization," both of Latin origin, were translated first in Japanese, written in *kanji*, and then introduced into Korean vocabulary as well as transcribed in *hangul*: culture 文化 (문화 becoming literate or growing in knowledge of letters) and civilization文明 (문명 enlightenment through letters). The etymological sense of both words, clearly recognizable through Chinese characters, put forward the idea of progressive transformation taking place in the realm of the mind and consciousness. Furthermore, by maintaining *hanja* as a vital part of Korean writing the whole domain of the culture (I use the word "culture" not as a contemporary anthropologist or a sociologist does but in the sense that Westerners used to call "Arts and Letters") is brought back to writing that goes hand in hand with East Asian tradition. It seems to me that in the modern world built up by the Western mentality the flowering of Korean culture and civilization will be possible only if Korea regains the literary tradition inherited from the "Empire of Chinese Letters."

배성옥(裵聖玉, BAE Seongok)

지은이 배성옥은 1951년 부산에서 태어나 서울대학교 문리과대학과 인문대학원에서 프랑스 문학을 전공했다. 1979년 프랑스로 건너가 1989년에 파리-소르본 대학에서 문학박사 학위를 받았다. 1990년부터 1997년까지 서울대학교를 비롯한 수도권 여러 대학에 출강하였다. 1997년 미국 캘리포니아로 이민, Long Beach City College와 Los Angeles Harbor College에서 프랑스어를 가르치며 번역가, 문필가로 활동하였다.

밖에서 본 우리말, 우리글

초　판　　발행　2013년 5월 13일
개정판 2쇄 발행　2022년 5월 3일

지은이　배성옥
펴낸이　한정희
펴낸곳　경인문화사
주　소　경기도 파주시 회동길 445-1 경인빌딩 B동 4층
전　화　031-955-9300
팩　스　031-955-9310
이메일　kyungin@kyunginp.co.kr
홈페이지　http://www.kyunginp.co.kr

값 14,000원
ISBN 978-89-499-1037-6　93700